The LITTLE BLACK BOOK *of*

Compiled by Nick Crispin.
Edited by Adrian Hopkins.
Music processed by Paul Ewers Music Design.

ISBN 978-1-84938-089-8

Visit Hal Leonard Online at
www.halleonard.com

World headquarters, contact:
Hal Leonard
7777 West Bluemound Road
Milwaukee, WI 53213
Email: info@halleonard.com

In Europe, contact:
Hal Leonard Europe Limited
1 Red Place
London, W1K 6PL
Email: info@halleonardeurope.com

In Australia, contact:
Hal Leonard Australia Pty. Ltd.
4 Lentara Court
Cheltenham, Victoria, 3192 Australia
Email: info@halleonard.com.au

Achy Breaky Heart

Words & Music by Donald Von Tress

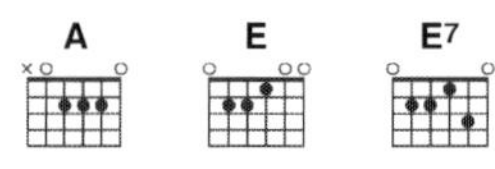

Intro | A | A | A | A ||

Verse 1

```
A
You can tell the world you never was my girl,
                                    E
You can burn my clothes up when I'm gone,
Or you can tell your friends just what a fool I've been,
                                       A
And laugh and joke about me on the phone.
You can tell my arms go back to the farm,
                                E
Or you can tell my feet to hit the floor,
Or you can tell my lips to tell my fingertips,
                                         A
They won't be reaching out for you no more.
```

Chorus 1

```
    A
But don't tell my heart, my achy breaky heart,
                          E
I just don't think he'd understand.
And if you tell my heart, my achy breaky heart,
                                A
He might blow up and kill this man.
```

Instrumental | A | A | A | E |
| E | E | E | A ||

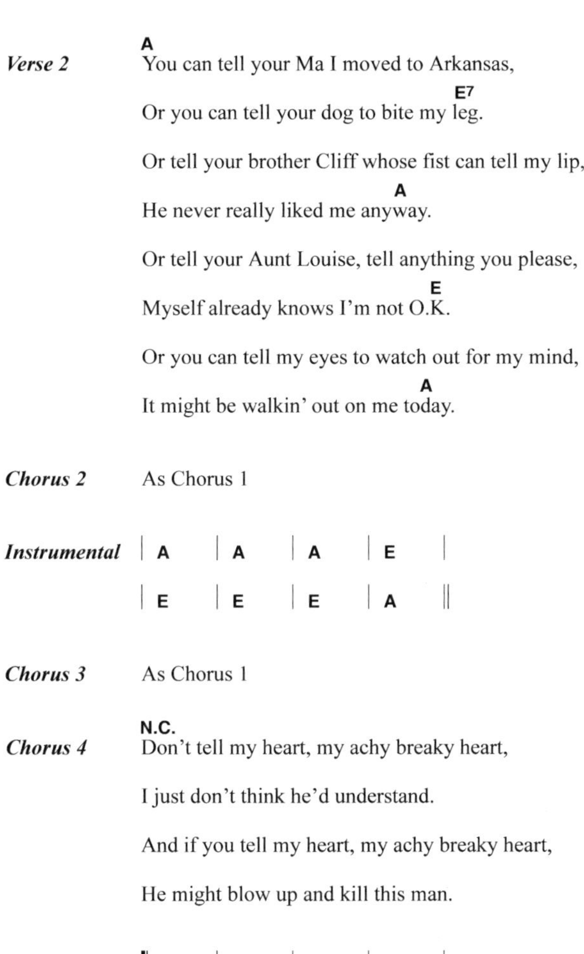

Verse 2

A
You can tell your Ma I moved to Arkansas,
E7
Or you can tell your dog to bite my leg.

Or tell your brother Cliff whose fist can tell my lip,
A
He never really liked me anyway.

Or tell your Aunt Louise, tell anything you please,
E
Myself already knows I'm not O.K.

Or you can tell my eyes to watch out for my mind,
A
It might be walkin' out on me today.

Chorus 2 As Chorus 1

Instrumental

| A | A | A | E |
| E | E | E | A ||

Chorus 3 As Chorus 1

Chorus 4

N.C.
Don't tell my heart, my achy breaky heart,

I just don't think he'd understand.

And if you tell my heart, my achy breaky heart,

He might blow up and kill this man.

Instrumental

||: A | A | A | E |
| E | E | E | A :||

Adia

Words & Music by Sarah McLachlan & Pierre Marchand

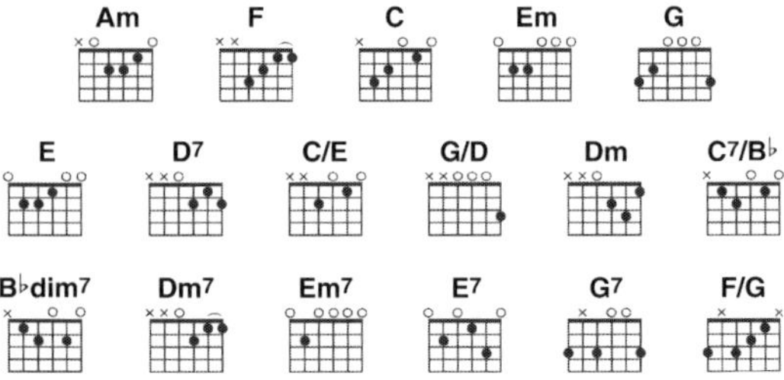

Capo third fret

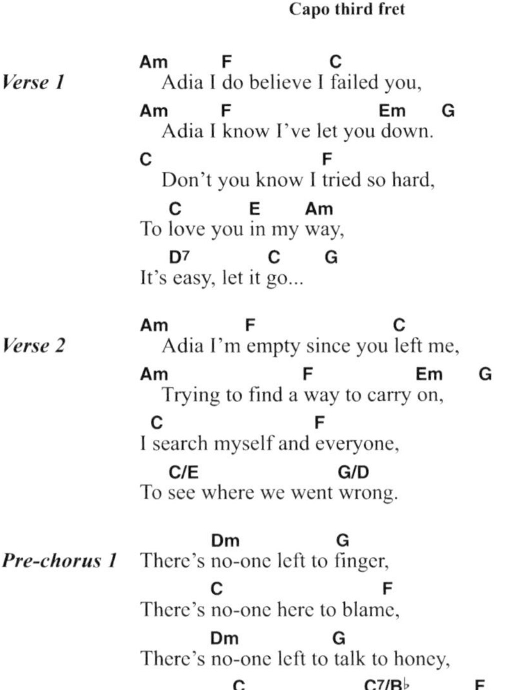

Verse 1

Am F C
Adia I do believe I failed you,
Am F Em G
Adia I know I've let you down.
C F
Don't you know I tried so hard,
C E Am
To love you in my way,
D7 C G
It's easy, let it go...

Verse 2

Am F C
Adia I'm empty since you left me,
Am F Em G
Trying to find a way to carry on,
C F
I search myself and everyone,
C/E G/D
To see where we went wrong.

Pre-chorus 1

Dm G
There's no-one left to finger,
C F
There's no-one here to blame,
Dm G
There's no-one left to talk to honey,
C C7/B♭ F
And there ain't no-one to buy our innocence.

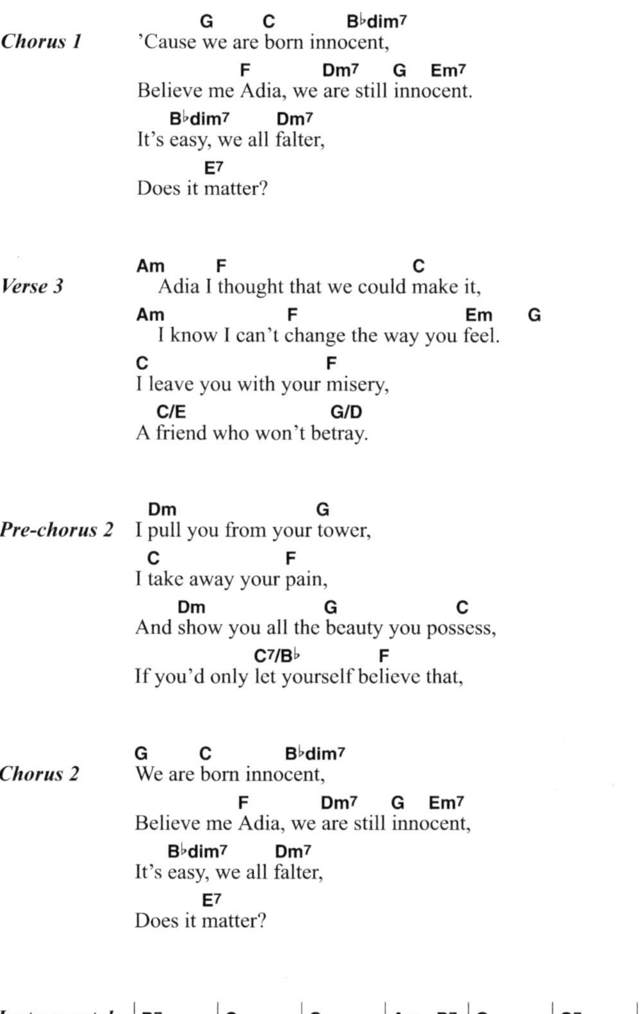

Chorus 1

G C B♭dim7
'Cause we are born innocent,
F Dm7 G Em7
Believe me Adia, we are still innocent.
B♭dim7 Dm7
It's easy, we all falter,
E7
Does it matter?

Verse 3

Am F C
Adia I thought that we could make it,
Am F Em G
I know I can't change the way you feel.
C F
I leave you with your misery,
C/E G/D
A friend who won't betray.

Pre-chorus 2

Dm G
I pull you from your tower,
C F
I take away your pain,
Dm G C
And show you all the beauty you possess,
C7/B♭ F
If you'd only let yourself believe that,

Chorus 2

G C B♭dim7
We are born innocent,
F Dm7 G Em7
Believe me Adia, we are still innocent,
B♭dim7 Dm7
It's easy, we all falter,
E7
Does it matter?

Instrumental | D7 | C | G | Am D7 | G | G7 |

```
                          C           B♭dim7
Chorus 3     'Cause we are born innocent,

                        F           Dm7     G    Em7
             Believe me Adia, we are still innocent.

                 B♭dim7         Dm7
             It's easy, we all falter,

                                   F/G   G
             But does it matter?


                        C           Em              F
Outro        Believe me Adia, we are still innocent.

             Dm7    G     C           B♭dim7
               'Cause we are born innocent,

                        F           Dm7     G    Em7
             Believe me Adia, we are still innocent.

                 B♭dim7         Dm7
             It's easy, we all falter,

                                    G     E7
             But does it matter?
```

Always

Words & Music by Jon Bon Jovi

E A C♯m B G♯m

F♯m D G Asus4 Bm

Intro | E | A | C♯m B | A | A |

Verse 1

```
C♯m
This Romeo is bleeding,
B
But you can't see his blood,
A
It's nothing but some feeling,
             G♯m
That this old dog kicked up.
C♯m
It's been raining since you left me,
            B
Now I'm drowning in the flood,
A
You see I've always been a fighter,
            G♯m           A  B
But without you I give up.
C♯m
Now I can't sing a love song,
            B
Like the way it's meant to be,
        A
Well I guess I'm not that good anymore,
    B                 A  B
But baby that's just me.
```

```
                E       B           F♯m C♯m B
Chorus 1     Yeah I will love you, baby, al - ways.
                E                B            A   C♯m  B
             And I'll be there forever and a day, al - ways.

             E
Bridge 1     I'll be there till the stars don't shine,
                     B
             Till the heavens burst and the words don't rhyme,
                     A
             I know when I die you'll be on my mind,
                     B          A   B   C♯m  A
             And I'll love you al - ways.

                          C♯m
Verse 2      Now your pictures that you left behind,
                       B
             Are just memories of a different life,
                          A
             Some that made us laugh, some that made us cry,
                        G♯m
             One that made you say goodbye.
                         C♯m
             What I'd give to run my fingers through your hair,
                B
             To touch your lips, to hold you near,
                          A
             When you say your prayers, try to understand,
                   G♯m                  A     B
             I've made mistakes, I'm just a man.
                        C♯m
             When he holds you close, when he pulls you near,
                         B
             When he says the words you've been needing to hear,
                       A
             I'll wish I was him, 'cause the words are mine,
                B                A      B
             To say to you till the end of time.


Chorus 2     As Chorus 1
```

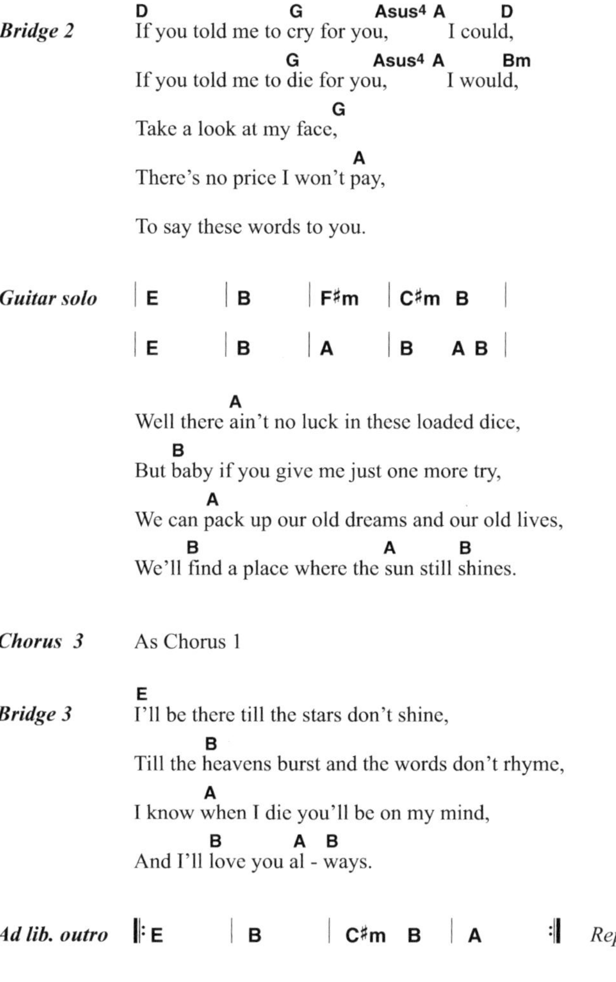

```
                D                  G            Asus4 A        D
Bridge 2        If you told me to cry for you,          I could,
                                   G            Asus4 A        Bm
                If you told me to die for you,          I would,
                                         G
                Take a look at my face,
                                           A
                There's no price I won't pay,

                To say these words to you.


Guitar solo     | E        | B        | F♯m      | C♯m  B    |

                | E        | B        | A        | B    A B  |

                          A
                Well there ain't no luck in these loaded dice,
                    B
                But baby if you give me just one more try,
                        A
                We can pack up our old dreams and our old lives,
                     B                         A      B
                We'll find a place where the sun still shines.


Chorus 3        As Chorus 1

                E
Bridge 3        I'll be there till the stars don't shine,
                         B
                Till the heavens burst and the words don't rhyme,
                         A
                I know when I die you'll be on my mind,
                           B        A  B
                And I'll love you al - ways.


Ad lib. outro   |: E       | B        | C♯m   B   | A        :|   Repeat to fade
```

After All

Words & Music by Paul Linehan, Niall Linehan & Ashley Keating

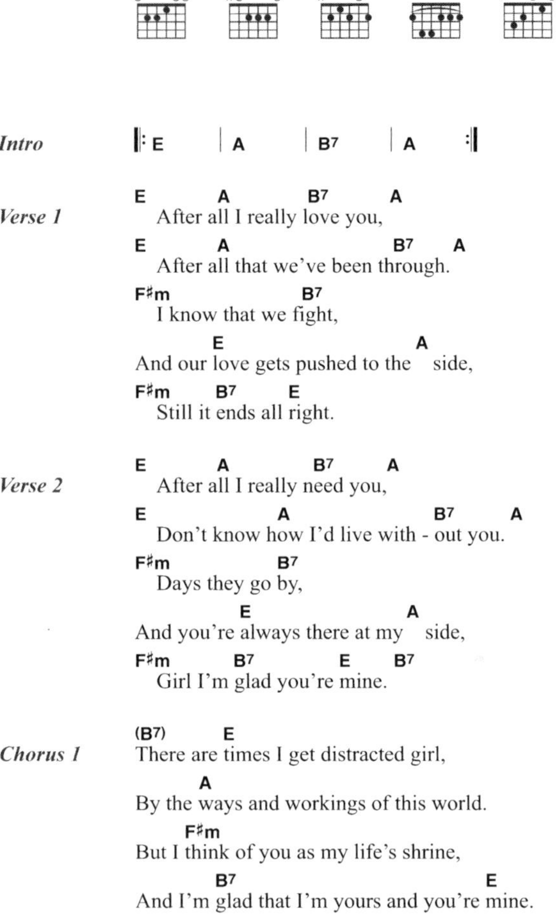


```
Intro      |: E      | A      | B7      | A      :|

           E        A          B7        A
Verse 1       After all I really love you,
           E        A                 B7     A
              After all that we've been through.
           F♯m                 B7
              I know that we fight,
                     E                    A
           And our love gets pushed to the   side,
           F♯m       B7      E
              Still it ends all right.

           E        A          B7        A
Verse 2       After all I really need you,
           E                A                B7         A
              Don't know how I'd live with - out you.
           F♯m             B7
              Days they go by,
                         E                  A
           And you're always there at my   side,
           F♯m         B7          E      B7
              Girl I'm glad you're mine.

           (B7)       E
Chorus 1   There are times I get distracted girl,
                   A
           By the ways and workings of this world.
                  F♯m
           But I think of you as my life's shrine,
                     B7                           E
           And I'm glad that I'm yours and you're mine.
```

Verse 3

E A B7 A
When I'm far from home and lonely,
E A B7 A
And I think about my life.
F♯m B7
I think about you,
E A
All the little things that you do,
F♯m B7 E B7
And I'm glad you're mine.

Chorus 2

(B7) E
There are times I get distracted girl,
A
By the ways and workings of this world.
F♯m
But I think of you as my life's shrine,
B7 A E A B7
And I'm glad that I'm yours and you're mine.________

Bridge

(B7) E
Ba, da, da, ba, da, da, ba, ba, ba.
A
Ba, da, da, ba, da, da, ba, ba, ba.
F♯m
Ba, da, da, ba, da, da, ba, ba, ba.

Outro

(F♯m) E
Ba, da, da, ba, da, da, ba, ba, ba.
A
Ba, da, da, ba, da, da, ba, ba, ba.
F♯m
Ba, da, da, ba, da, da, ba, ba, ba.
B7 E
And I'm glad that after all you're mine.

Ba, da, da, ba, da, da, ba, ba, ba.
A
Ba, da, da, ba, da, da, ba, ba, ba.
F♯m
Ba, da, da, ba, da, da, ba, ba, ba.
B7 C E
And I'm glad that after all you're mine.

Animal Nitrate

Words & Music by Brett Anderson & Bernard Butler

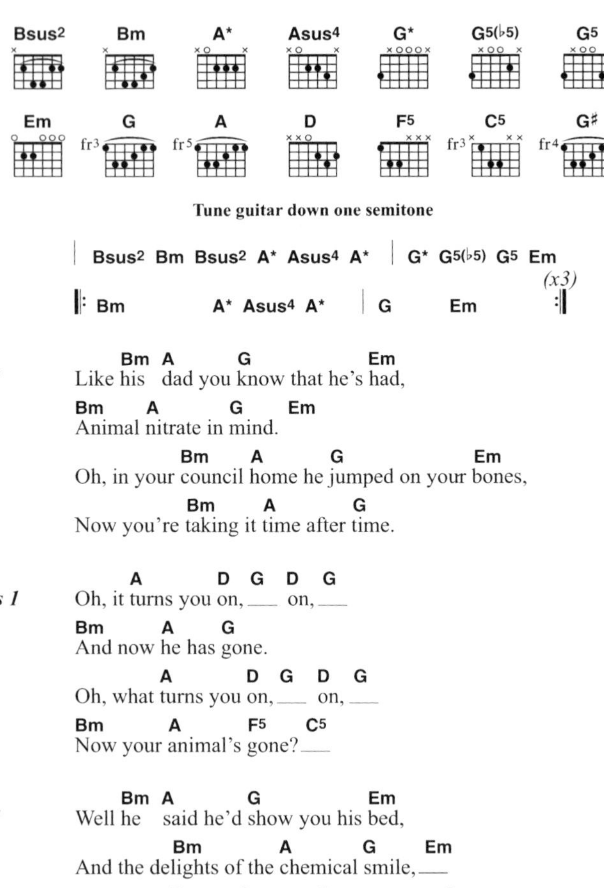

Tune guitar down one semitone

Intro
| Bsus2 Bm Bsus2 A* Asus4 A* | G* G5(♭5) G5 Em |

|: Bm A* Asus4 A* | G Em :| *(x3)*

Verse 1

Bm A G Em
Like his dad you know that he's had,
Bm A G Em
Animal nitrate in mind.
Bm A G Em
Oh, in your council home he jumped on your bones,
Bm A G
Now you're taking it time after time.

Chorus 1

A D G D G
Oh, it turns you on, __ on, __
Bm A G
And now he has gone.
A D G D G
Oh, what turns you on, __ on, __
Bm A F5 C5
Now your animal's gone? __

Verse 1

Bm A G Em
Well he said he'd show you his bed,
Bm A G Em
And the delights of the chemical smile, __
Bm A G Em
So in your broken home he broke all your bones,
Bm A G
Now you're taking it time after time.

```
Chorus 2            A          D  G  D  G
             Oh, it turns you on,__  on,__
             Bm      A      G
             And now he has gone.
                          A        D  G  D  G
             Oh, what turns you on,__  on,__
             Bm          A          F5    C5
             Now your animal's gone?__

Solo         | Bm  G | G#  G | Bm  G | G#  G |
             | Bm  G | G#  G | Bm  G | G#  G ||

             A                          D  G  D  G
Chorus 3       What does it take to turn you on,__  on,__
             Bm    A     G
               Now he has gone?
                                  A     D   G D   G
             Now you're over twenty one? __Oh, __
             Bm          A          G
             Now your animal's gone?

               (G) D     G         D    G
Outro        |: Animal, he was animal,__
                    Bm  A   G
             An animal,__ oh.   :|   Repeat to fade with vocal ad lib.
```

The Bartender And The Thief

Words by Kelly Jones
Music by Kelly Jones, Richard Jones & Stuart Cable

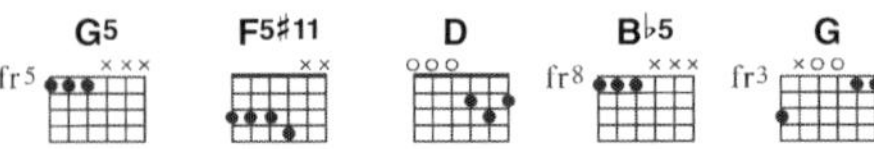

Tune bottom string to D

Intro | G5 ||

Verse 1

```
F5♯11
   When you think about it,
                                D
He's watching every word you say,  hey, dazed.
F5♯11
   And when he's sussed you out,

He calls her up and out she comes,
   D
And hustles us.
B♭5  G5    B♭5     G5    B♭5    G5
Long dig-gin', gone fish-in', love drinkin'.
```

Chorus 1

```
    D                    G
The bartender and the thief are lovers,
D                          G
Steal what they need like sisters and brothers.
D                G
Met in a church, a night to remember,
D                  G
Robbin' the graves of bodies dismembered.
```

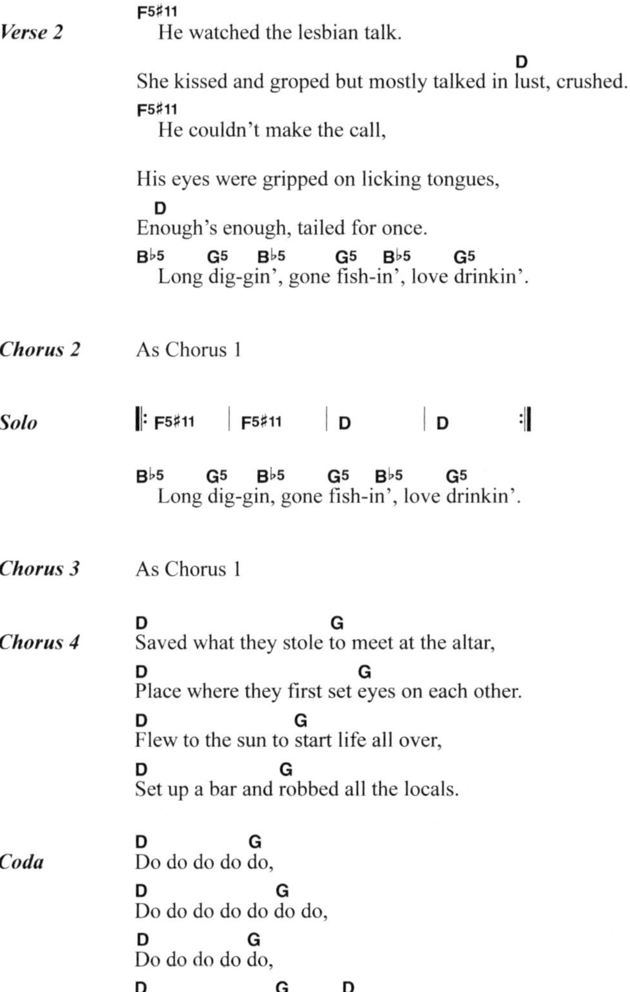

```
           F5♯11
Verse 2       He watched the lesbian talk.
                                                               D
           She kissed and groped but mostly talked in lust, crushed.
           F5♯11
              He couldn't make the call,

           His eyes were gripped on licking tongues,
              D
           Enough's enough, tailed for once.
           B♭5      G5    B♭5      G5   B♭5     G5
              Long dig-gin', gone fish-in', love drinkin'.


Chorus 2   As Chorus 1


Solo       ‖: F5♯11   | F5♯11   | D       | D       :‖

           B♭5      G5    B♭5      G5   B♭5     G5
              Long dig-gin, gone fish-in', love drinkin'.


Chorus 3   As Chorus 1

           D                    G
Chorus 4   Saved what they stole to meet at the altar,
           D                          G
           Place where they first set eyes on each other.
           D                 G
           Flew to the sun to start life all over,
           D               G
           Set up a bar and robbed all the locals.

           D           G
Coda       Do do do do do,
           D              G
           Do do do do do do do,
           D           G
           Do do do do do,
           D              G      D
           Do do do do do do do.
```

Been Caught Stealing

Words & Music by Perry Farrell, David Navarro, Stephen Perkins & Eric Avery

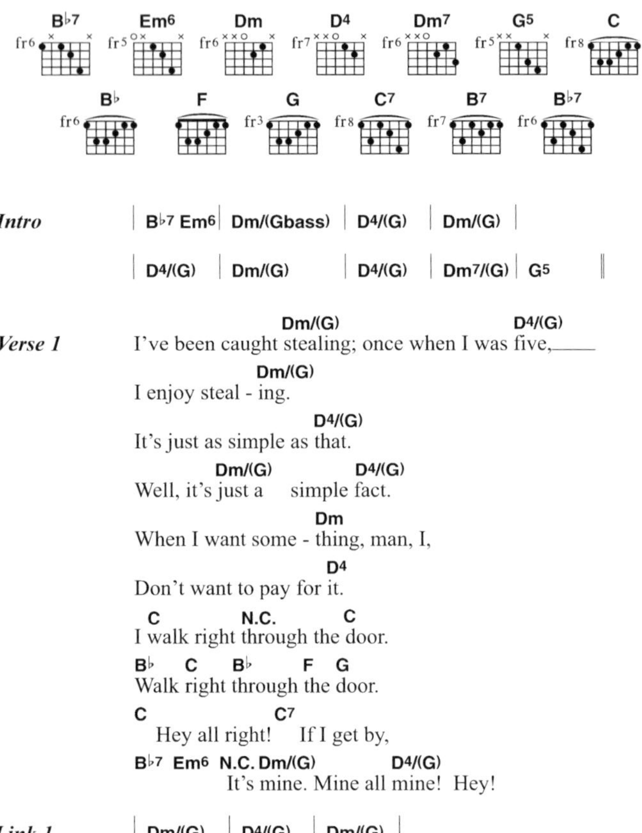

Intro | B♭7 Em6 | Dm/(Gbass) | D4/(G) | Dm/(G) |

| D4/(G) | Dm/(G) | D4/(G) | Dm7/(G) | G5 ||

Verse 1

Dm/(G) D4/(G)
I've been caught stealing; once when I was five,____

Dm/(G)
I enjoy steal - ing.

D4/(G)
It's just as simple as that.

Dm/(G) D4/(G)
Well, it's just a simple fact.

Dm
When I want some - thing, man, I,

D4
Don't want to pay for it.

C N.C. C
I walk right through the door.

B♭ C B♭ F G
Walk right through the door.

C C7
Hey all right! If I get by,

B♭7 Em6 N.C. Dm/(G) D4/(G)
It's mine. Mine all mine! Hey!

Link 1 | Dm/(G) | D4/(G) | Dm/(G) |

Verse 2

D4/(G) Dm/(G)
Yeah my girl, she's one too.
D4/(G)
She'll go and get her a skirt.
Dm/(G)
Stick it under her shirt.
D4/(G)
She grabbed a razor for me.
Dm/(G) D4/(G)
And she did it just like that.
Dm/(G) D4/(G)
When she wants something man, she don't want to pay for it.
C N.C. C
She walk right through the door.
B♭ C B♭ F G
Walk right through the door.
C C7
Hey all right! If I get by,
B♭7 Em6 N.C. Dm/(G) D4/(G)
It's mine. Mine all mine! Let's go!

Guitar solo ‖: Dm/(G) | D4/(G) :‖ *(x4)*

Bridge

C B♭ B7 B♭7 B7
Da da da da da da da da da da da da da da da da,
C B♭ B7 B♭7 B7
Da da da da da da da da da da da da da da da da.

Bass link | (G) | (G) | (G) | (G) ‖

Verse 3

Dm/(G)
We sat around the pile.

D4/(G)
We sat and laughed.

Dm/(G)
We sat and laughed and,

D4/(G)
Waved it into the air!

Dm/(G)   N.C.   D4/(G)
And we   did it just like that.

Dm/(G)   D4/(G)
When we wants some - thing man, we don't want to pay for it.

C   N.C.   C
We walk right through the door.

B♭   C   B♭   F   G
Walk right through the door.

C   C7   B♭7   Em6
Hey all right!   If I get by,

Outro

N.C.   C
It's   mine, mine, mine, mine,

C7
Mine, mine, mine... mine, mine, all mine...

B♭7   Em6   G
It's mine.

Brimful Of Asha

Words & Music by Tjinder Singh

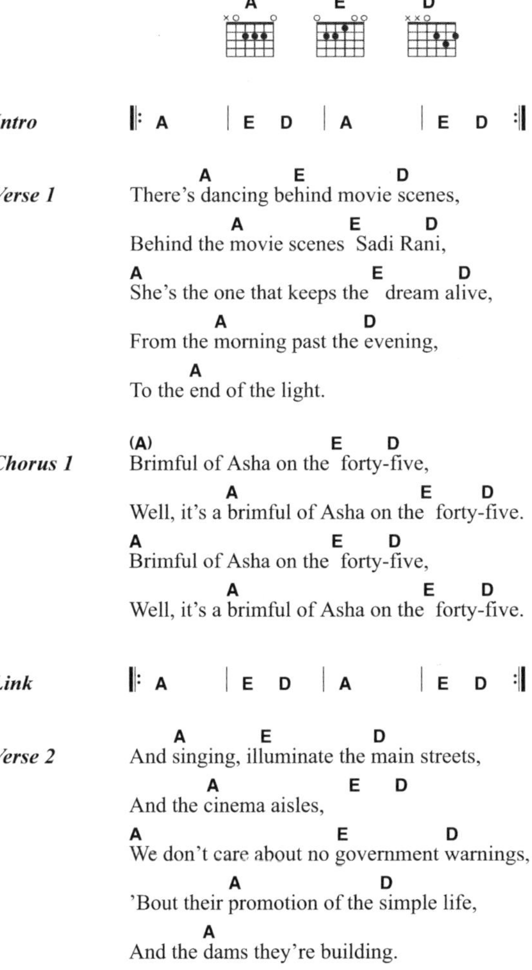


```
Intro      |: A      | E   D | A       | E   D :|

Verse 1           A            E              D
           There's dancing behind movie scenes,
                           A                  E          D
           Behind the movie scenes  Sadi Rani,
           A                                  E           D
           She's the one that keeps the   dream alive,
                        A                    D
           From the morning past the evening,
                     A
           To the end of the light.

           (A)                             E        D
Chorus 1   Brimful of Asha on the  forty-five,
                          A                              E        D
           Well, it's a brimful of Asha on the  forty-five.
           A                               E        D
           Brimful of Asha on the  forty-five,
                          A                              E        D
           Well, it's a brimful of Asha on the  forty-five.

Link       |: A      | E   D | A       | E   D :|

                  A          E                    D
Verse 2    And singing, illuminate the main streets,
                        A                     E      D
           And the cinema aisles,
           A                             E                    D
           We don't care about no government warnings,
                              A                     D
           'Bout their promotion of the simple life,
                          A
           And the dams they're building.
```

Chorus 2 As Chorus 1

Bridge 1

```
A                           D
Everybody needs a bosom for a pillow,
A                           D
Everybody needs a bosom.
A                           D
Everybody needs a bosom for a pillow,
A                           D
Everybody needs a bosom.
A                           D
Everybody needs a bosom for a pillow,
A                           D
Everybody needs a bosom.

Mine's on the forty-(five.)
```

Link

```
|: A        | E   D  | A        | E   D  :|
   five.
```

Verse 3

```
A                 E      D
Mohamid Rufi. (Forty-five.)
A                     E      D
Lata Mangeskar. (Forty-five.)
A                     E      D
Solid state radio. (Forty-five.)
A                    E      D
Ferguson mono. (Forty-five.)
A                E      D
Bon Publeek. (Forty-five.)
A                              D
Jacques Dutronc and the Bolan Boogie,
      A                          D
The Heavy Hitters and the chi-chi music,
A                    E      D
All India Radio. (Forty-five.)
A               E      D
Two-in-ones. (Forty-five.)
A                E      D
Argo records. (Forty-five.)
A                  E      D
Trojan records. (Forty-five.)
```

Chorus 3

A   E   D
Brimful of Asha on the forty-five,

              A   E   D
Well it's a brimful of Asha on the forty-five.

A   E   D
Brimful of Asha on the forty-five,

              A   E   D
Well it's a brimful of Asha on the forty-five.

Bridge 2

A   D
Everybody needs a bosom for a pillow,

A   D
Everybody needs a bosom.

A   D
Everybody needs a bosom for a pillow,

A   D
Everybody needs a bosom.

A   D
Everybody needs a bosom for a pillow,

A   D
Everybody needs a bosom.

Mine's on the forty-(five.).

Link

𝄆 A | E D | A | E D 𝄇
five.

Verse 4

A   E   D
Seventy-seven thousand piece orchestra set.

A
Everybody needs a bosom for a pillow,

E   D
Mine's on the r.p.m.

Chorus 4

As Chorus 3

Bridge 3

𝄆 As Bridge 2 𝄇 *Repeat to fade*

Calling Elvis

Words & Music by Mark Knopfler

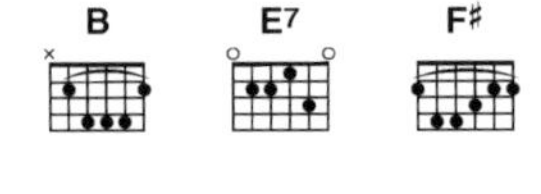

Intro | : B | B | B | B : |

Chorus 1

```
        B
Calling Elvis – is anybody home
Calling Elvis – I'm here all alone
Did he leave the building
Or can he come to the phone
Calling Elvis – I'm here all alone
```

Verse 1

```
                     E7
Well tell him I was calling just to wish him well
Let me leave my number – heartbreak hotel
Oh love me tender – baby don't be cruel
                                 F♯
Return to sender – treat me like a fool
```

Chorus 2

```
        B
Calling Elvis – is anybody home
Calling Elvis – I'm here all alone
Did he leave the building
Can he come to the phone
Calling Elvis – I'm here all alone
```

Solo 1 |: B | B | B | B :|

Chorus 3

```
                         B
Why don't you go get him – I'm his biggest fan
You gotta tell him – he's still the man
Long distance baby – so far from home
Don't you think maybe you could put him on
```

Verse 2

```
                         E7
Well tell him I was calling just to wish him well
Let me leave my number – heartbreak hotel
Oh love me tender – baby don't be cruel
                                   F♯
Return to sender – treat me like a fool
```

Chorus 4

```
        B
Calling Elvis – is anybody home
Calling Elvis – I'm here all alone
Did he leave the building
Can he come to the phone
Calling Elvis – I'm here all alone
```

Solo 2 | N.C. | N.C. |

|: B | B | B | B :| *(x3)*

Chorus 5 As Chorus 4

Coda |: B | B | B | B :| *Repeat to fade*

Cigarettes & Alcohol

Words & Music by Noel Gallagher

E5 F♯ A5 F♯7add11 Dsus2 A Cadd9 B7

Intro | E5 | E5 | E5 | E5 | E5 | E5 |

| F♯ | A5 | E5 | E5 | E5 | E5 ||

Verse 1

E5
Is it my imagination,
F♯7add11 A5 E5 | E5 | E5 | E5
Or have I finally found something worth living for?
E5
I was looking for some action,
F♯7add11 A5 E5 | E5 | E5 | E5 ||
But all I found was cigarettes and alcohol.

Bridge 1

A5 E5
You could wait for a lifetime,
A5 E5
To spend your days in the sunshine,
A5 E5
You might as well do the white-line.
Dsus2 A
'Cause when it comes on top:

Chorus 1

E5 Dsus2
You gotta make it happen,
A E5 Dsus2
You gotta make it happen,
A E5 Dsus2
You gotta make it happen,
A E5 | Dsus2 A | Cadd9 | B7 ||
You gotta make it happen.

Instrumental | E5 | E5 | E5 | E5 | E5 | E5 |

| F♯ | A5 | E5 | E5 | E5 | E5 ||

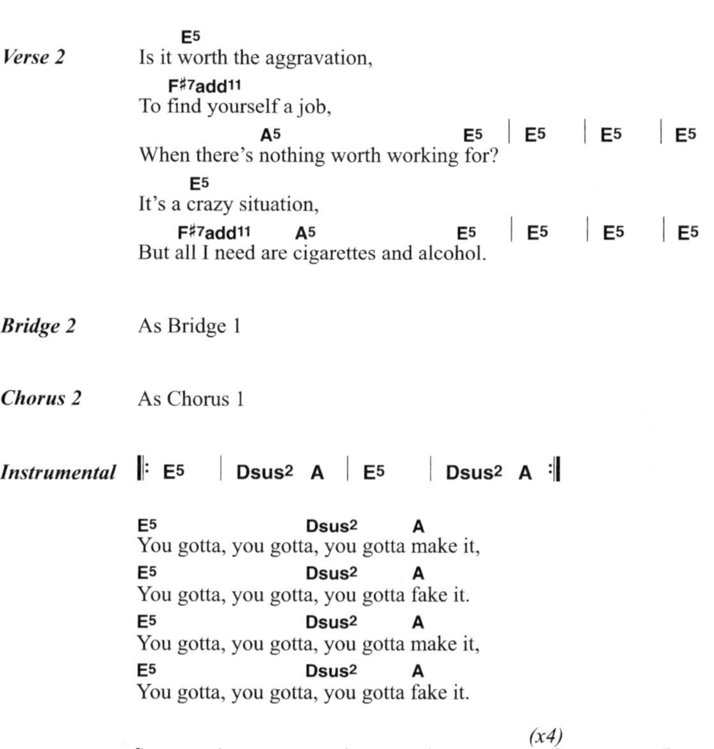

Verse 2

```
     E5
Is it worth the aggravation,
  F#7add11
To find yourself a job,
             A5                          E5 | E5  | E5  | E5  |
When there's nothing worth working for?
   E5
It's a crazy situation,
   F#7add11     A5                     E5 | E5  | E5  | E5  ||
But all I need are cigarettes and alcohol.
```

Bridge 2 As Bridge 1

Chorus 2 As Chorus 1

Instrumental

```
|: E5 | Dsus2 A | E5 | Dsus2 A :|
```

```
E5                     Dsus2     A
You gotta, you gotta, you gotta make it,
E5                     Dsus2     A
You gotta, you gotta, you gotta fake it.
E5                     Dsus2     A
You gotta, you gotta, you gotta make it,
E5                     Dsus2     A
You gotta, you gotta, you gotta fake it.
```

Guitar solo

```
                                   (x4)
|: E5 | Dsus2 A | E5 | Dsus2 A :| E5 ||
```

Cream

Words & Music by Prince

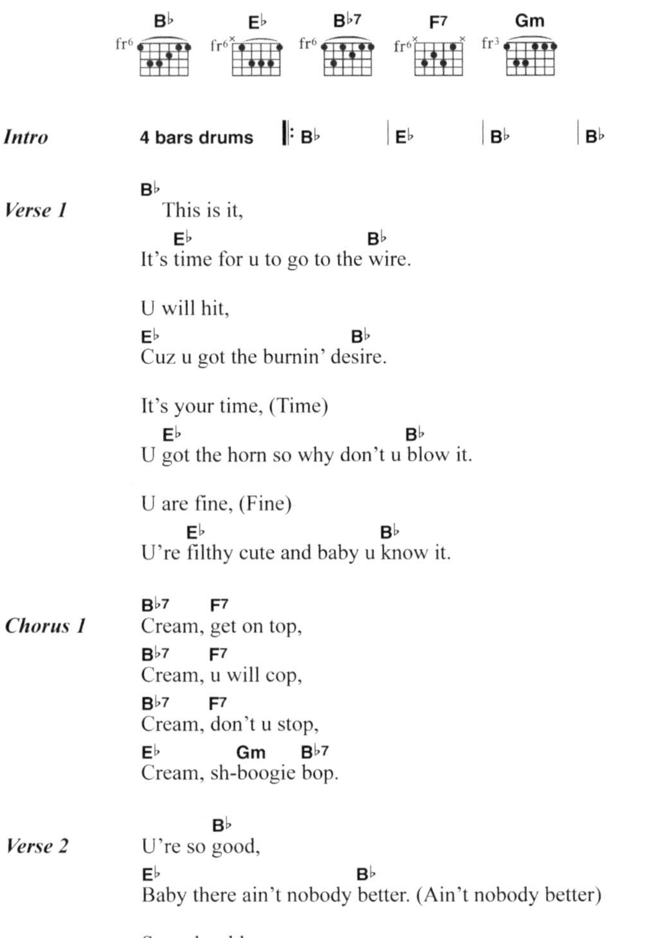

Intro 4 bars drums ‖: B♭ | E♭ | B♭ | B♭ :‖

Verse 1
B♭
This is it,
E♭ B♭
It's time for u to go to the wire.

U will hit,
E♭ B♭
Cuz u got the burnin' desire.

It's your time, (Time)
E♭ B♭
U got the horn so why don't u blow it.

U are fine, (Fine)
E♭ B♭
U're filthy cute and baby u know it.

Chorus 1
B♭7 F7
Cream, get on top,
B♭7 F7
Cream, u will cop,
B♭7 F7
Cream, don't u stop,
E♭ Gm B♭7
Cream, sh-boogie bop.

Verse 2
B♭
U're so good,
E♭ B♭
Baby there ain't nobody better. (Ain't nobody better)

So u should,

cont.

E♭ B♭
Never, ever go by the letter. (Never ever)

U're so cool, (Cool)
E♭ B♭
Everything u do is success.

Make the rules, (Rules)
E♭
Then break them all cuz u are the best.

Yes u are.

Chorus 2 As Chorus 1

N.C.
Look up in the air, it's your guitar.

Instrumental | B♭ | B♭ | B♭ | E♭ | B♭ |

Verse 3

B♭
Do your dance,
E♭ B♭
Why should u wait any longer?

Take your chance,
E♭ B♭
It could only make u stronger.

It's your time, (Time)
E♭ B♭
U got the horn so why don't u blow it.

U're so fine, (Fine)
E♭ B♭
U're filthy cute and baby u know it.

Chorus 3 As Chorus 1

N.C.
Cream, cream.
E♭ Gm B♭7
Cream, sh-boogie bop.

Chorus 4 𝄆 As Chorus 1 w/ad lib vocals 𝄇 *Repeat to fade*

Creep

Words & Music by Albert Hammond, Mike Hazlewood, Thom Yorke,
Jonny Greenwood, Colin Greenwood, Ed O'Brien & Phil Selway

G B Bsus4 C Csus4 Cm C7sus4

Intro | G | G | B | Bsus4 B |
| C | Csus4 C | Cm | Cm ||

Verse 1
```
                  G
When you were here before,
                     B
Couldn't look you in the eye,
              C
You're just like an angel,
                   Cm
Your skin makes me cry.
          G
You float like a feather,
          B
In a beautiful world.
         C
I wish I was special,
                  Cm
You're so fuckin' special,
```

Chorus 1
```
        G          B
But I'm a creep, I'm a weirdo.
                        C
What the hell am I doing here?
        Cm          C7sus4
I don't be - long here.
```

Verse 2
```
            G
I don't care if it hurts,
         B
I wanna have control,
            C
I wanna perfect body,
```

cont.

```
                    Cm
I wanna perfect soul.
                  G
I want you to notice
                  B
When I'm not around,
                  C
You're so fuckin' special,
               Cm
I wish I was special...
```

Chorus 2

```
          G          B
But I'm a creep, I'm a weirdo.
                            C
What the hell am I doing here?
              Cm
I don't be - long here.
C7sus4
Oh, oh.
```

Bridge

```
G                        B
She's running out the door,
C
She's running out,
       Cm
She's run, run, run,
G    B  C     Cm
Run.    Run...
```

Verse 3

```
                         G
Whatever makes you happy,
                 B
Whatever you want,
                  C
You're so fuckin' special
               Cm
I wish I was special...
```

Chorus 3

```
          G          B
But I'm a creep, I'm a weirdo,
                            C
What the hell am I doing here?
              Cm
I don't be - long here,
              G
I don't be - long here.
```

A Design For Life

Words by Nicky Wire
Music by James Dean Bradfield, Nicky Wire & Sean Moore

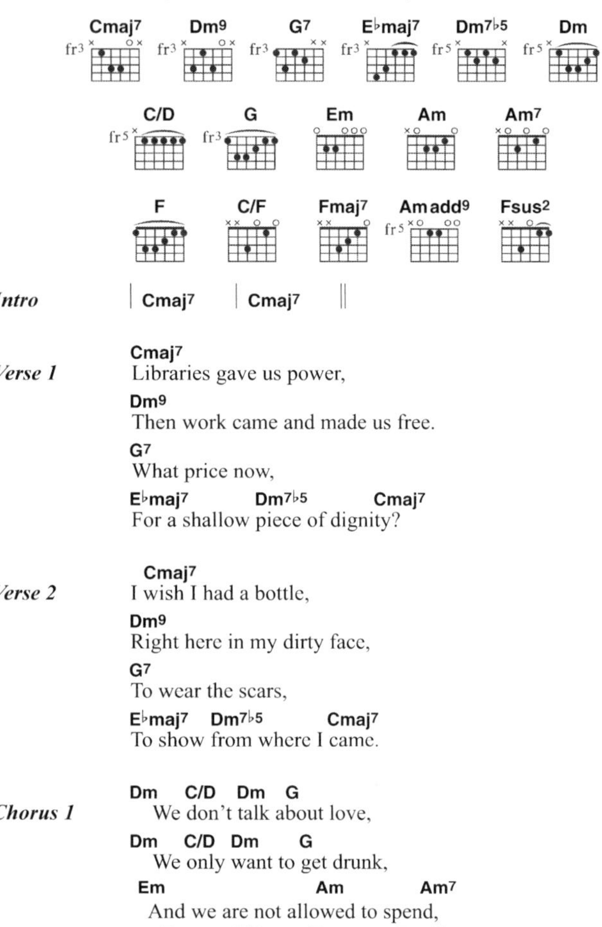

Intro | Cmaj7 | Cmaj7 ||

Verse 1

Cmaj7
Libraries gave us power,
Dm9
Then work came and made us free.
G7
What price now,
E♭maj7 Dm7♭5 Cmaj7
For a shallow piece of dignity?

Verse 2

Cmaj7
I wish I had a bottle,
Dm9
Right here in my dirty face,
G7
To wear the scars,
E♭maj7 Dm7♭5 Cmaj7
To show from where I came.

Chorus 1

Dm C/D Dm G
We don't talk about love,
Dm C/D Dm G
We only want to get drunk,
Em Am Am7
And we are not allowed to spend,
F C/F F Fmaj7
As we are told that this is the end.

cont.

Amadd9 F
A design for life,

Amadd9 F
A design for life,

Amadd9 F
A design for life,

Fsus2 Cmaj7
A design for life.

Verse 3

Cmaj7
I wish I had a bottle,

Dm9
Right here in my pretty face,

G7
To wear the scars,

E♭maj7 Dm7♭5 Cmaj7
To show from where I came.

Chorus 2

As Chorus 1

Instrumental

Cmaj7	Cmaj7	Dm9	Dm9	G7
G7	E♭maj7	Dm7♭5	Cmaj7	Cmaj7

Chorus 3

Dm C/D Dm G
We don't talk about love,

Dm C/D Dm G
We only want to get drunk,

Em Am Am7
And we are not allowed to spend,

F C/F F Fmaj7
As we are told that this is the end.

Amadd9 F
A design for life,

Amadd9 F
A design for life,

Amadd9 F
A design for life,

Fsus2 N.C.
A design for life... *Drums to end.*

Celebrity Skin

Words & Music by Billy Corgan, Courtney Love & Eric Erlandson

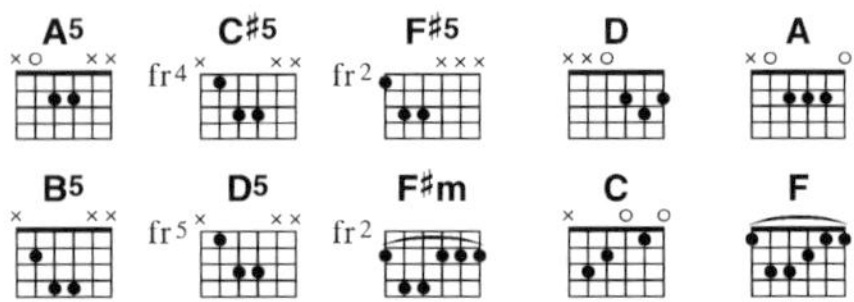

Verse 1

A5 C♯5 F♯5

A5 C♯5 F♯5
Oh, make me over

A5 C♯5 F♯5
I'm all I wanna be,

A5 C♯5 F♯5
A walking study

In demonology.

Chorus 1

D A
Hey, so glad you could make it

D A
Yeah, now you really made it

F♯5 B5 D5 A5 C♯5 F♯5
Hey, so glad you could make it now.

Verse 2

A5 C♯5 F♯5
Oh, look at my face,

A5 C♯5 F♯5
My name is Might Have Been

A5 C♯5 F♯5
My name is Never Was

My name's Forgotten.

Chorus 2

```
D     A
Hey, so glad you could make it,
D      A
Yeah, now you really made it
F♯5          B5          D5
Hey, there's only us left now.
```

Middle

```
A          D          A        D
   When I wake up    in my makeup
A          D     F♯m
   It's too early for that dress.
A               D      A                D
   Wilted and faded    somewhere in Hollywood
A           D
   I'm glad I came here
F♯m
With your pound of flesh.
A           D
   No second billing
A                D
    'Cos  you're a star now
A             D
   Oh, Cinde - rella
F♯m
They aren't sluts like you.
A            D          A            D
   Beautiful garbage, beautiful dresses
A           D
   Can you stand up
   F♯m               A5      C♯5   F♯5
Or will you just fall down?
```

Verse 3

```
                         A5  C♯5  F5
You better watch out
                      A5  C♯5  F5
What you wish for
                      A5  C♯5  F5
It better be worth it

So much to die for.
```

```
             D    A
Chorus 3     Hey, so glad you could make it,
             D     A
             Yeah, now you really made it
             F#5           B5          D5
             Hey, there's only us left now.

             A         D        A       D
Middle 2        When I wake up     in my makeup
             A              D          F#m
                Have you ever felt so used up as this?
             A             D
                It's all so sugarless
             A             D          A          D
                Hooker, waitress, model, actress
             F#m                      A
             Oh, just go name - less.
                        D       A             D
             Honey - suckle, she's full of poison
             A             D          F#m           A
                She ob - literated everything she kissed.
                           D
             Now she's fading
             A                  D
                Somewhere in Hollywood
             A               D
                I'm glad I came here
             F#m                              A5        C#5   F#5
             With your pound of flesh.

                                              A5        C#5   F#5
Verse 4      You want a part of me
                                                   A5        C#5   F#5
             Well, I'm not selling cheap,
                                                  A5        C#5   F#5
             No, I'm not selling cheap.
```

Disco 2000

Words by Jarvis Cocker
Music by Pulp

F B♭/F B♭ (fr6) E♭/B♭ (fr6) Cm (fr3) Dm (fr5) Gm (fr3) Cm7 (fr3) Fsus4

Intro F riff ‖: F B♭/F F | B♭/F F :‖ *(x4)*

B♭ riff ‖: B♭ E♭/B♭ B♭ | E♭/B♭ B♭ :‖

Verse 1
F riff
Oh, we were born within an hour of each other,
Our mothers said we could be sister and brother,
B♭ riff
Your name is De-bo-rah, Deborah,
It never suited ya.
F riff
And they said that when we grew up,
We'd get married and never split up,
B♭ riff
Oh, we never did it,
Although I often thought of it.

Pre-chorus 1
Cm
Oh, Deborah, do you recall?
Your house was very small,
With woodchip on the wall,
When I came round to call,
F
You didn't notice me at all.

Chorus 1

B♭
And I said: "Let's all meet up in the year two thousand,

Dm Gm
Won't it be strange when we're all fully grown,

Cm7 Fsus4 F
Be there two o'clock by the fountain down the road."________

B♭
I never knew that you'd get married,

Dm Gm
I would be living down here on my own,

Cm7 Fsus4 F
On that damp and lonely Thursday years ago. ________

Verse 2

F riff
You were the first girl at school to get breasts,

And Martyn said that you were the best,

B♭ riff
Oh, the boys all loved you but I was a mess,

I had to watch them try and get you undressed.

F riff
We were friends, ____ that was as far as it went,

I used to walk you home sometimes but it meant,

B♭ riff
Oh, it meant nothing to you,

Cause you were so popular.

Pre-chorus 2 As Pre-chorus 1

Chorus 2 As Chorus 1

Instrumental 𝄆 F B♭/F F | B♭/F F 𝄇

𝄆 B♭ E♭/B♭ B♭ | E♭/B♭ B♭ 𝄇

                                                    Cm
Pre-chorus 3   Oh, Deborah, do you recall?

Your house was very small,

With woodchip on the wall,

When I came round to call,

                                                F
You didn't notice me at all.

                    B♭
Chorus 3   And I said: "Let's all meet up in the year two thousand,

Dm   Gm
Won't it be strange when we're all fully grown,

                                    Cm7   Fsus4 F
Be there two o'clock by the fountain down the road."_________

B♭
I never knew that you'd get married,

Dm   Gm
I would be living down here on my own,

                                Cm7   Fsus4 F
On that damp and lonely Thursday years ago. _________

B♭
Outro   What are you doin' Sunday, baby?

Dm
Would you like to come and meet me, maybe?

Gm   Cm7 Fsus4 F
You can even bring your baby, ooh. _________

B♭
What are you doin' Sunday, baby?

Dm
Would you like to come and meet me, maybe?

Gm   Cm7 Fsus4   F   B♭
You can even bring your baby, ooh, ________ ooh. _____

Do You Love Me?

Words by Nick Cave
Music by Nick Cave & Martyn P. Casey

Cm fr3 | Gm fr3 | D♭ fr4 | D fr5 | B♭ | F

Intro | Gm | Gm | Gm | Gm ||

|: Cm | Cm | Gm | Gm :|

```
            Cm          Gm  Cm  Gm
Do you love me?
            Cm          Gm  Cm  Gm
Do you love me?
```

Verse 1

```
Cm
   I found her on a night of fire and noise
Gm
   Wild bells rang in a wild sky
Cm
   I knew from that moment on
Gm
   That I'd love her 'til the day that I died
Cm
   And I kissed away a thousand tears
Gm
   My lady of the Various Sorrows
Cm
   Some begged, some borowed, some stolen
Gm
   Some kept safe for tomorrow
Cm
   On an endless night, silver star-spangled
     D♭                             D
The bells from the chapel went jingle-jangle
```

Chorus 1

```
Cm B♭   Gm
Do  you love me? Do you love me?
Cm B♭   Gm
Do  you love me?  Do you love me?
Cm B♭   Gm
Do  you love me? Do you love me?
Cm B♭   D
Do  you love me
               Gm
Like I love you?
```

Link 1

```
| Gm     | Gm     | Gm     | Gm     |
| Gm     | Gm     | Gm     | Gm  B♭ ||
||: Cm   | Cm     | Gm     | Gm    :||
```

Verse 2

```
Cm
   She was given to me to put things right
Gm
   And I stacked all my accomplishments beside her
Cm
   Yet I seemed so obsolete and small
Gm
   I found God and all His Devils inside her
Cm
   In my bed she cast the blizzard out
Gm
   A mock sun blazed upon her head
Cm
   So completely filled with light she was
Gm
   Her shadow fanged and hairy and mad
Cm
   Our love-lines grew hopelessly tangled
        D♭                         D
And the bells from the chapel went jingle-jangle
```

Chorus 2

```
Cm B♭   Gm
Do  you love me? Do you love me?
Cm B♭   Gm
Do  you love me? Do you love me?
Cm B♭   Gm
Do  you love me? Do you love me?
Cm B♭   D
Do  you love me
               Cm
Like I love you?
```

Link 2 𝄆 Cm | Cm | Gm | Gm 𝄇

Verse 3

```
Cm
   She had a heartful of love and devotion
Gm
   She had a mindful of tyranny and terror
Cm
   Well, I try, I do, I really try
Gm
   But I just err, baby, I do, I error
Cm                                  Gm
   So come find me, my darling one

I'm down to the grounds, the very dregs
Cm
   Ah, here she comes, blocking the sun
Gm
   Blood running down the inside of her legs
Cm
   The moon in the sky is battered and mangled
           D♭                          D
And the bells from the chapel go jingle-jangle

Jingle-jangle, jingle-jangle, jingle-jangle
```

Chorus 3

```
Cm B♭  Gm
Do you love me? Do you love me?
Cm B♭  Gm
Do you love me?
Cm B♭  Gm
Do you love me?
Cm B♭  F
Do you love me
           Cm
Like I love you?
```

Link 3 𝄆 Cm | Cm | Gm | Gm 𝄇

Verse 4

```
Cm
   All things move toward their end
Gm
   I knew before I met her that I would lose her
Cm
   I swear I made every effort to be good to her
Gm
   I made every effort not to abuse her
Cm
   Crazy bracelets on her wrists and her ankles
          D♭                        D
And the bells from the chapel go jingle-jangle
```

Chorus 4

```
Cm B♭  Gm
Do you love me? Do you love me?
Cm B♭  Gm
Do you love me? Do you love me?
Cm B♭  Gm
Do you love me? Do you love me?
Cm B♭  F
Do you love me
      Cm  B♭  Gm
Like I    love you?
```

Chorus 5

```
(Cm) (B♭) (Gm)
Do   you love me?
Cm B♭  Gm
Do you love me?
Cm B♭  Gm
Do you love me?
Cm B♭  F
Do you love me
      Cm  B♭  Gm
Like I    love you?
```

Chorus 6

```
(Cm) (B♭) (Gm)
Do   you love me?
Cm B♭  Gm
Do you love me?
Cm B♭  Gm
Do you love me?
Cm B♭  F
Do you love me?
```

Dreams

Words by Dolores O'Riordan
Music by Dolores O'Riordan & Noel Hogan

E Amaj7 B7 E/A A G Csus2

Intro | E | E | Amaj7 | Amaj7 | B7 | B7 | E | E |

| E | E | E/A | E/A | B7 | B7 | E | E |

Verse 1
Amaj7
Oh, my life,
B7
Is changing ev'ry day,
E
In ev'ry possible way.
Amaj7
And oh, my dreams,
B7
It's never quite as it seems,
E
Never quite as it seems.

Verse 2
E/A
I know I've felt like this be - fore,
B7
But now I'm feeling it even more,
E
Because it came from you.
A
And then I open up and see,
B7
The person falling here is me,
E
A diff'rent way to be.

Bridge
G Csus2
Ah, la, la, ah, la, da, ya,
G Csus2 E
La, ya, ah, la.

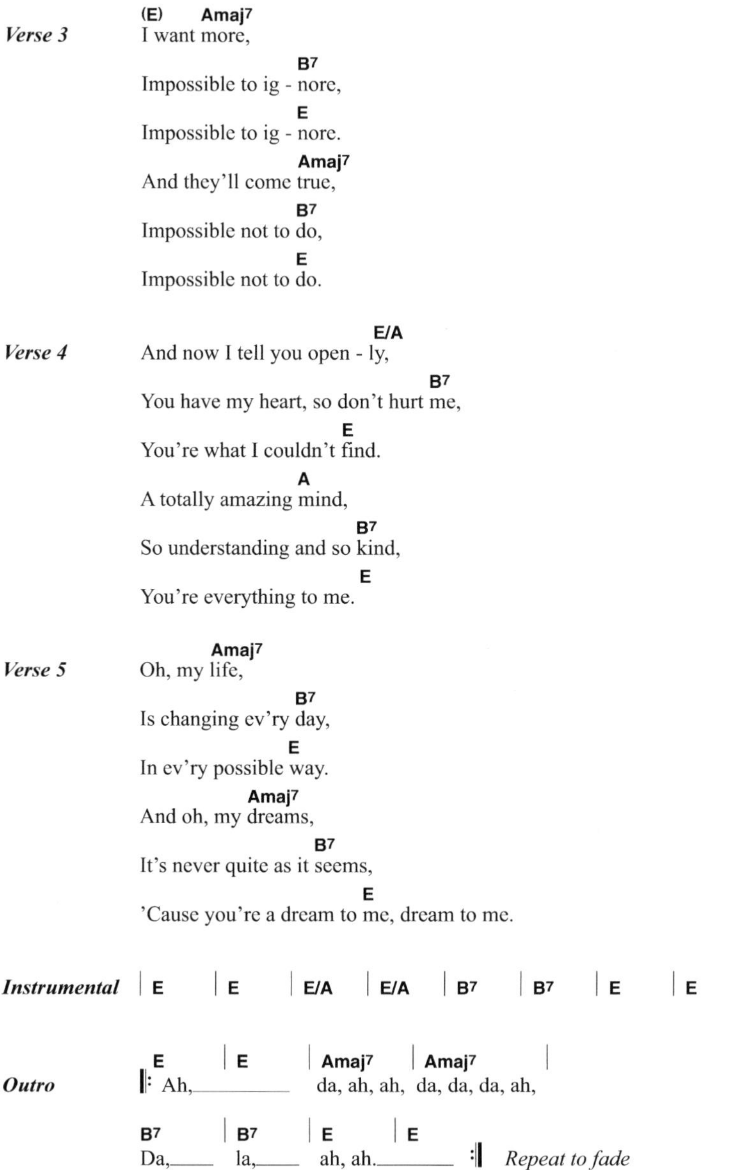

Verse 3

(E) Amaj7
I want more,

B7
Impossible to ig - nore,

E
Impossible to ig - nore.

Amaj7
And they'll come true,

B7
Impossible not to do,

E
Impossible not to do.

Verse 4

E/A
And now I tell you open - ly,

B7
You have my heart, so don't hurt me,

E
You're what I couldn't find.

A
A totally amazing mind,

B7
So understanding and so kind,

E
You're everything to me.

Verse 5

Amaj7
Oh, my life,

B7
Is changing ev'ry day,

E
In ev'ry possible way.

Amaj7
And oh, my dreams,

B7
It's never quite as it seems,

E
'Cause you're a dream to me, dream to me.

Instrumental | E | E | E/A | E/A | B7 | B7 | E | E |

Outro

𝄆 E | E | Amaj7 | Amaj7 |
Ah,______ da, ah, ah, da, da, da, ah,

B7 | B7 | E | E 𝄇
Da,____ la,____ ah, ah.______ *Repeat to fade*

Even Better Than The Real Thing

Words & Music by U2

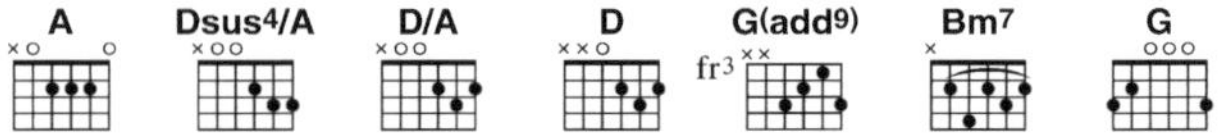

A   Dsus4/A   D/A   D   G(add9) fr3   Bm7   G

Intro ‖: A | A | A | A :‖

| A7 | A7 | A | A ‖

Verse 1

            A   Dsus4/A   D/A A
Give me one more chance and you'll be sa - tis - fied,
            D   Dsus4/A   D   A
Give me two more chances, you won't be de - nied.
                     G(add9)
Well, my heart   is where it's always been,
      Bm7
My head is somewhere in between.
            D   Dsus4/A   D   A
Give me one more chance, let   me be your lover to - night.

Come on now, check it out.

Chorus 1

                  G   D A   G   D A
You're the real thing,   yeah, the real thing.
                  G   D A   G   D   A
You're the real thing,   even better than the real thing, yeah.

Verse 2

            A   Dsus4/A   D/A A
Give me one last chance, and I'm gonna make you sing,
            D   Dsus4/A   D   A
Give me half a chance to ride on the waves that you bring.
                     G(add9)
You're honey, child, to a swarm of bees,
           Bm7
Gonna blow right through you like a breeze,
            D   Dsus4/A   D   A
Give me one last dance, we'll slide down the surface of things.

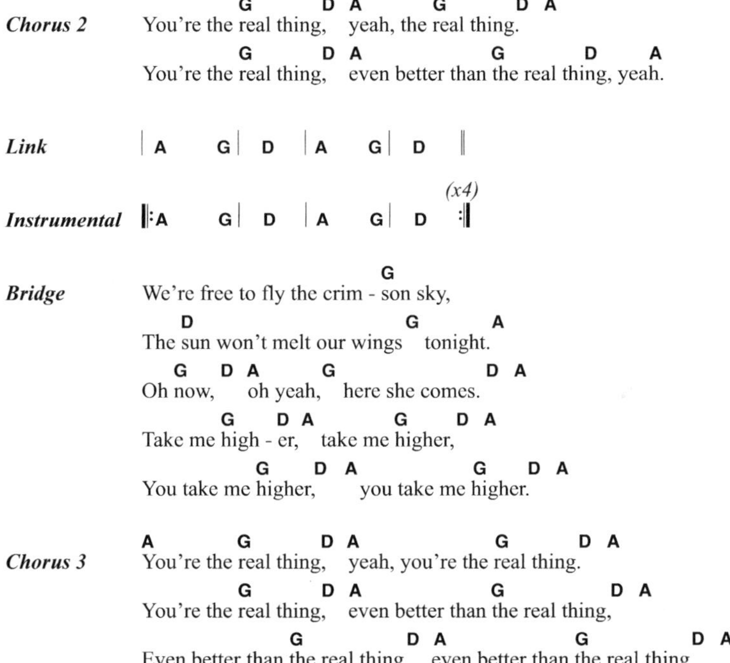

```
                            G           D  A           G           D  A
Chorus 2       You're the real thing,   yeah, the real thing.
                            G           D  A                    G           D        A
               You're the real thing,   even better than the real thing, yeah.


Link           | A       G | D    | A       G | D     ||

                                                        (x4)
Instrumental   |: A      G | D    | A       G | D    :|

                                                 G
Bridge         We're free to fly the crim - son sky,
                   D                                G          A
               The sun won't melt our wings   tonight.
                  G     D  A        G                        D  A
               Oh now,     oh yeah,    here she comes.
                        G       D  A             G         D  A
               Take me high - er,     take me higher,
                             G        D  A                     G        D  A
               You take me higher,        you take me higher.

               A            G           D  A                        G           D  A
Chorus 3       You're the real thing,   yeah, you're the real thing.
                            G           D  A                     G              D  A
               You're the real thing,   even better than the real thing,
                                 G                 D  A                   G                  D  A
               Even better than the real thing,   even better than the real thing.
```

Everybody Here Wants You

Words & Music by Jeff Buckley

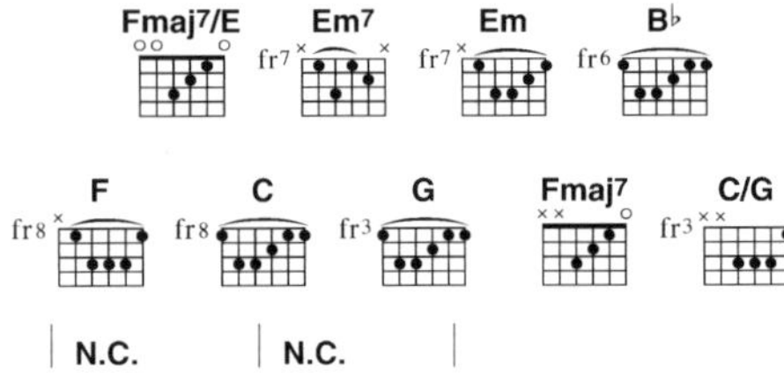

Intro | N.C. | N.C. |

Verse 1

```
             Fmaj7/E
Twenty - nine pearls in your kiss, a singing smile,
                                                   Em7
Coffee smell and lilac skin, your flame in me.
             Fmaj7/E
Twenty - nine pearls in your kiss, a singing smile,
                                                   Em7
Coffee smell and lilac skin, your flame in me.
             Fmaj7/E
I'm only here for this moment.
```

Chorus 1

```
           Fmaj7/E                  Em  Em7
I know everybody here wants you.
           Fmaj7/E                           Em  Em7
I know everybody here thinks he needs you.
          Fmaj7/E                           Em  Em7
I'll be waiting right here just to show you,
         Fmaj7/E
How our love will blow it all away.
```

Verse 2

```
Fmaj7/E
   Such a thing of wonder in this crowd,
                                                 Em  Em7
I'm a stranger in this town, you're free with me.
             Fmaj7/E
And our eyes locked in downcast love, I sit here proud,
                                                      Em  Em7
Even now you're undressed in your dreams with me.
                Fmaj7/E
Oh, I'm only here for this moment.
```

Chorus 2

Fmaj7/E **Em Em7**
I know everybody here wants you.

Fmaj7/E **Em Em7**
I know everybody here thinks he needs you.

Fmaj7/E **Em Em7**
I'll be waiting right here just to show you,

Fmaj7/E
How our love will blow it all away.

Bridge

B♭ **F** **C**
And all the tears we've cried have dried on yester - day,

B♭
The sea of fools has parted for us,

F **C** **G**
There's nothing in our way, my love.

Verse 3

Fmaj7/E
Don't you see, don't you see?

You're just the torch to put the flame,

To all our guilt and shame.

And I'll rise like an ember in your name.

Fmaj7/E
I know, aah, I know, aah,

Chorus 3

As Chorus 2 *(w/ vocal ad.lib to fade)*

(Everything I Do) I Do It For You

Words by Bryan Adams & R.J. Lange
Music by Michael Kamen

Capo first fret

Intro | C | G/C | F/C | G/C ||

Verse 1

C G/C
Look into my eyes, you will see,
F/C G/C
What you mean to me.
C G/C
Search your heart, search your soul,
F/C F C/G G
And when you find me there you'll search no more.
Dm C/E Dm/F
Don't tell me it's not worth trying for,
C/E Dm C/E Dm/F
You can't tell me it's not worth dying for.
C/G
You know it's true:
G C*
Everything I do, I do it for you.

Verse 2

C G/C
Look into your heart, and you will find,
F G
There's nothing there to hide.
C G/C
Take me as I am, take my life,
F C* G
I would give it all, I would sacri - fice.

```
                 Dm                       C*      Dm
cont.     Don't tell me it's not worth fighting for,
                                             C*     Dm
          I can't help it, there's nothing I want more.
                         C*
          You know it's true,
                        G                C*
          Everything I do, I do it for you.


                 B♭          E♭
Bridge    There's no love like your love,
                 B♭                F
          And no other could give more love.
                 C*                G
          There's nowhere unless you're there,
                 D           G      Gsus4
          All the time, all the way.


Solo      ||: F     | F     | C*     | C*     :||


                          Dm                           G
Verse 3   Oh, you can't tell me it's not worth trying for,
                 Dm                          G
          I can't help it, there's nothing I want more.
                          C*                G
          Yeah, I would fight for you, I'd lie for you,
                   F                       Fm
          Walk the wire for you, yeah I'd die for you.
          N.C.            C/G
          You know it's true,
                        G
          Everything I do,
              F  Dm        C*
          Oh          I do it for you.


Coda      ||: F     | F     | C*     | C*     :||  Repeat to fade
```

Friday I'm In Love

Words by Robert Smith
Music by Robert Smith, Simon Gallup,
Porl Thompson, Boris Williams & Perry Bamonte

G6 D G A Bm A7 Cadd9

Tune guitar slightly sharp

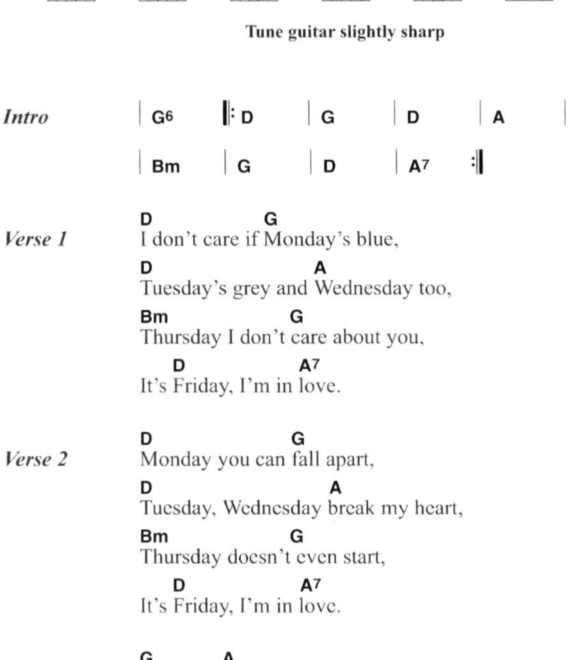

Intro | G6 |: D | G | D | A |
| Bm | G | D | A7 :|

Verse 1
D G
I don't care if Monday's blue,
D A
Tuesday's grey and Wednesday too,
Bm G
Thursday I don't care about you,
D A7
It's Friday, I'm in love.

Verse 2
D G
Monday you can fall apart,
D A
Tuesday, Wednesday break my heart,
Bm G
Thursday doesn't even start,
D A7
It's Friday, I'm in love.

Chorus 1
G A
Saturday wait,
Bm G
And Sunday always comes too late,
D A
But Friday never hesitates.

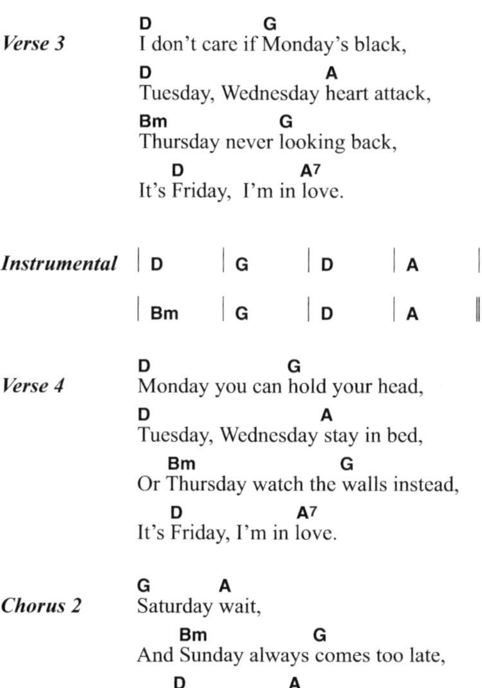

Verse 3

D G
I don't care if Monday's black,
D A
Tuesday, Wednesday heart attack,
Bm G
Thursday never looking back,
D A7
It's Friday, I'm in love.

Instrumental

| D | G | D | A |
| Bm | G | D | A ||

Verse 4

D G
Monday you can hold your head,
D A
Tuesday, Wednesday stay in bed,
Bm G
Or Thursday watch the walls instead,
D A7
It's Friday, I'm in love.

Chorus 2

G A
Saturday wait,
Bm G
And Sunday always comes too late,
D A
But Friday never hesitates.

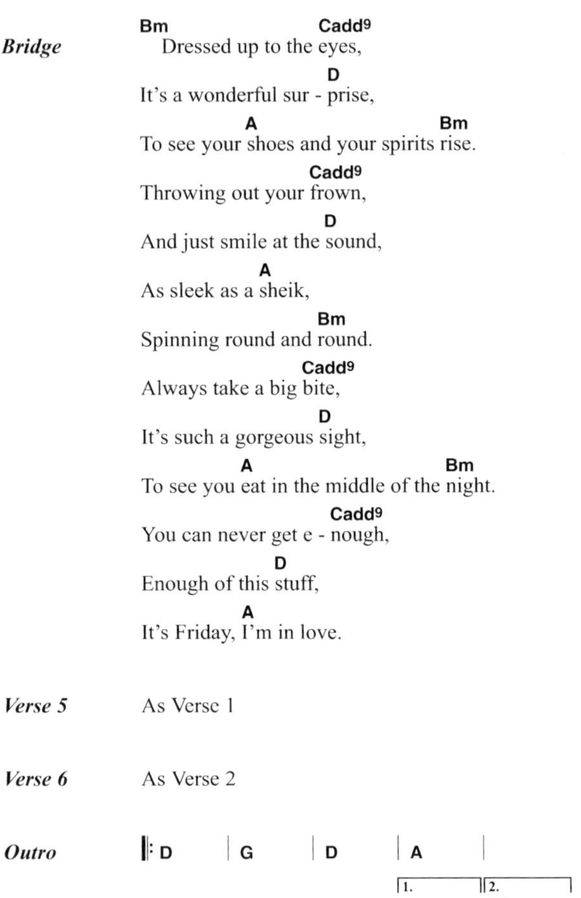

Bridge

Bm Cadd9
Dressed up to the eyes,
D
It's a wonderful sur - prise,
A Bm
To see your shoes and your spirits rise.
Cadd9
Throwing out your frown,
D
And just smile at the sound,
A
As sleek as a sheik,
Bm
Spinning round and round.
Cadd9
Always take a big bite,
D
It's such a gorgeous sight,
A Bm
To see you eat in the middle of the night.
Cadd9
You can never get e - nough,
D
Enough of this stuff,
A
It's Friday, I'm in love.

Verse 5 As Verse 1

Verse 6 As Verse 2

Outro

𝄆 D | G | D | A |

| Bm | G | D | 1. A7 𝄇 | 2. A (fermata) ‖

Frozen

Words & Music by Madonna & Patrick Leonard

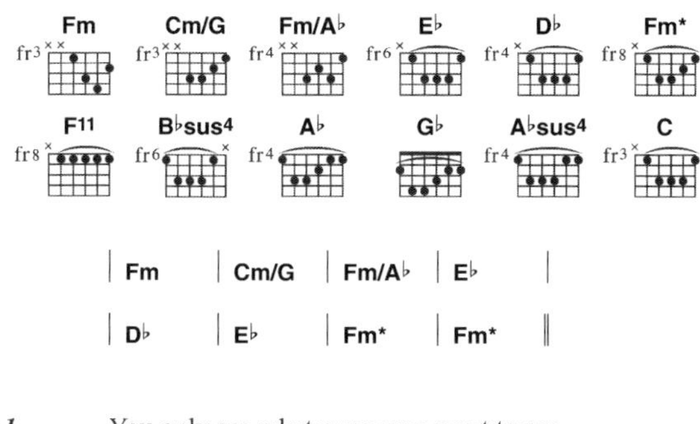

Intro | Fm | Cm/G | Fm/A♭ | E♭ |
| D♭ | E♭ | Fm* | Fm* ||

Verse 1

```
You only see what your eyes want to see,
                                F11
How can life be what you want it to be?
         D♭
You're frozen,
E♭                      Fm*   F11
When your heart's not open.
Fm*
You're so consumed with how much you get,
                                F11
You waste your time with hate and regret.
         D♭
You're broken,
E♭                      Fm*
When your heart's not open.
```

```
              Fm* B♭sus4  D♭              A♭
*Chorus 1*    Mm,______ if I could melt your heart,
              Fm* B♭sus4          G♭           D♭
              Mm,______  we'd never be a - part.
              Fm* B♭sus4  D♭               A♭
              Mm,______  give yourself to me,
              Fm* B♭sus4  G♭  A♭sus4  Fm*
              Mm,______  you hold the key.
```

```
*Verse 2*     Now there's no point in placing the blame,
                                        F11
              And you should know I suffer the same.
                 D♭
              If I lose you,
              E♭                 Fm*
              My heart will be broken.

              Love is a bird, she needs to fly,
                                   F11
              Let all the hurt in - side of you die.
                      D♭
              You're frozen,
              E♭                       Fm*
              When your heart's not open.
```

Chorus 2 As Chorus 1

```
*Instrumental* | Fm*      | Fm*      | Fm*      | D♭       |
               | Fm*  D♭  | B♭sus4   | D♭       | C        ||
```

Verse 3

Fm*
You only see what your eyes want to see,
F11
How can life be what you want it to be?
D♭
You're frozen,
E♭ Fm*
When your heart's not open.

Chorus 3

Fm* B♭sus4 D♭ A♭
Mm,——— if I could melt your heart,
Fm* B♭sus4 G♭ A♭sus4
Mm,——— we'd never be a - part.
Fm* B♭sus4 D♭ A♭
Mm,——— give yourself to me,
Fm* B♭sus4 G♭ A♭sus4
Mm,——— you hold the (key.)

Chorus 4

Fm* B♭sus4 D♭ A♭
Key,——— if I could melt your heart,
Fm* B♭sus4 G♭ A♭sus4
Mm,——— we'd never be a - part.
Fm* B♭sus4 D♭ A♭
Mm,——— give yourself to me,
Fm* B♭sus4 G♭ A♭sus4 Fm*
Mm,——— you hold the key.
D♭ A♭
If I could melt your heart.

A Girl Like You

Words & Music by Edwyn Collins

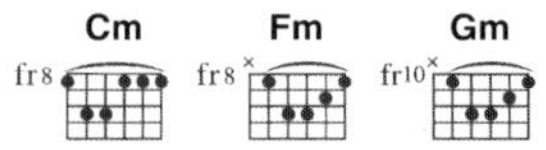


```
Intro         | Cm      | Fm Gm | Cm      | Fm Gm |

              | Cm      | Fm Gm | Cm      | Fm Gm ||


                    Cm                          Fm       Gm  Cm  Fm  Cm
Verse 1       I've never known a girl like you be - fore,
                     Cm                          Fm      Gm  Cm  Fm  Cm
              Now just like in a song from days of yore.
              Cm                                      Fm      Gm  Cm  Fm  Cm
              Here you come a-knocking, knocking on my door,
                          Cm                          Fm       Gm  Cm  Fm  Cm
              And I've never met a girl like you be - fore.


Guitar riff 1 | Cm      | Fm Gm | Cm      | Fm Gm |

              | Cm      | Fm Gm | Cm      | Fm Cm ||


                    Cm                         Fm     Gm  Cm  Fm  Cm
Verse 2       You give me just a taste so I want more,
                          Cm                               Fm        Gm  Cm  Fm  Cm
              Now my hands are bleeding and my knees are raw,
                        Cm                                             Fm     Gm  Cm  Fm  Cm
              'Cause now you've got me crawling, crawling on the floor,
                          Cm                         Fm        Gm  Cm  Fm  Cm
              And I've never known a girl like you be - fore.
```

Guitar riff 2

```
| Cm     | Fm Gm | Cm     | Fm Gm |
| Cm     | Fm Gm | Cm     | Fm Cm ||
```

Verse 3

```
Cm                                      Fm      Gm
You've made me acknowledge the devil in me,
 Cm                                   Fm         Gm
I hope to God I'm talking meta - phorical - ly,
 Cm                            Fm       Gm
I hope that I'm taking alle - gorical - ly,
Cm                                 Fm    Gm
Know that I'm talking 'bout the way I feel.
          Cm                        Fm       Gm  Cm  Fm  Cm
And I've never known a girl like you be - fore,
Cm              Fm     Gm
Never, never, never, never,
Cm                        Fm       Cm
Never known a girl like you be - fore.
```

Guitar solo

```
| Cm     | Fm Gm | Cm     | Fm Gm |
| Cm     | Fm Gm | Cm     | Fm Cm ||
```

Outro

```
Cm                 Fm          Gm
   This old town's changed so much,
Cm                Fm     Gm
   Don't feel that I be - long,
Cm           Fm       Gm
   Too many protest singers,
Cm             Fm       Gm
   Not enough protest songs.
          Cm                  Fm  Gm
And now you've come along,
     Cm                  Fm  Gm
Yes, you've come along,
          Cm                    Fm       Cm
And I've never met a girl like you be - fore.
```

Guitar outro

```
||: Cm   | Fm Gm | Cm     | Fm Gm |
| Cm     | Fm Gm | Cm     | Fm Gm :||
```

Ad lib. to end

Goldfinger

Words & Music by Tim Wheeler

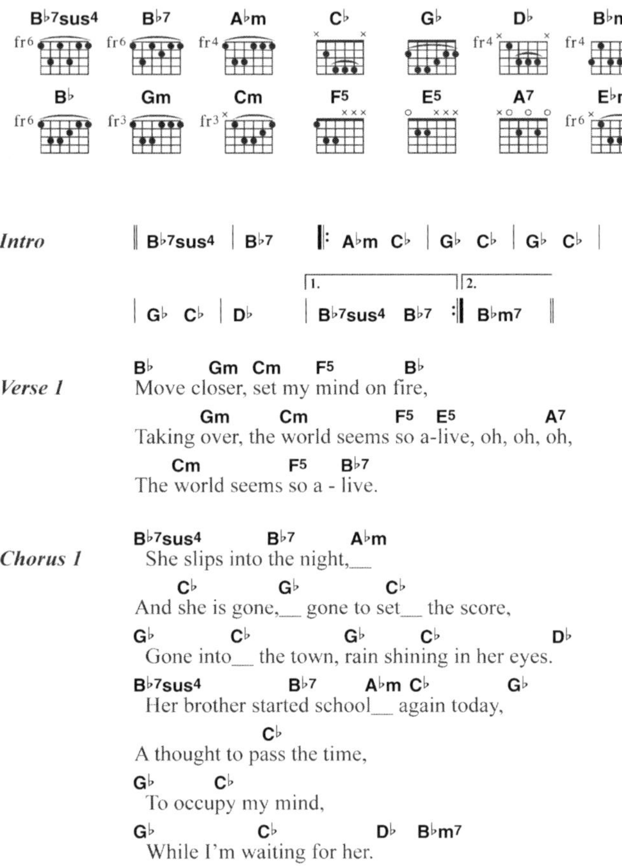

Intro ‖ B♭7sus4 | B♭7 ‖: A♭m C♭ | G♭ C♭ | G♭ C♭ |
| G♭ C♭ | D♭ |1. B♭7sus4 B♭7 :‖2. B♭m7 ‖

Verse 1

B♭ Gm Cm F5 B♭
Move closer, set my mind on fire,
Gm Cm F5 E5 A7
Taking over, the world seems so a-live, oh, oh, oh,
Cm F5 B♭7
The world seems so a - live.

Chorus 1

B♭7sus4 B♭7 A♭m
She slips into the night,__
C♭ G♭ C♭
And she is gone,__ gone to set__ the score,
G♭ C♭ G♭ C♭ D♭
Gone into__ the town, rain shining in her eyes.
B♭7sus4 B♭7 A♭m C♭ G♭
Her brother started school__ again today,
C♭
A thought to pass the time,
G♭ C♭
To occupy my mind,
G♭ C♭ D♭ B♭m7
While I'm waiting for her.

Verse 2

B♭ Gm Cm F5 B♭
Down in the basement, listening to the rain,

Gm Cm F5 E5 A7
Thinking things over, I think it over a - gain, oh, oh, oh,

Cm F5 B♭7
Think it over a - gain.

Chorus 2

B♭7sus4 B♭7 A♭m
She slipped into the night,

C♭ G♭ C♭
And she was gone,__ gone to set__ the score,

G♭ C♭ G♭ C♭ D♭
Gone into__ the town, rain shining in her eyes.

B♭7sus4 B♭7 A♭m C♭ G♭
Her brother started school__ again today,

C♭
A thought to pass the time,

G♭ C♭
To occupy my mind,

G♭ C♭ D♭ B♭m7
While I'm waiting for her.

Solo

𝄆 B♭ E♭m | E♭m | B♭ E♭m | E♭m 𝄇

Verse 3

B♭ Gm Cm F5 B♭
I'm writing it__ down, listen to the rain,

Gm Cm F5 E5 A7
'Cause you will be here__ soon, I lie back and drift a - way oh, oh, oh,

Cm F5 B♭7
I lie back and drift a - way.

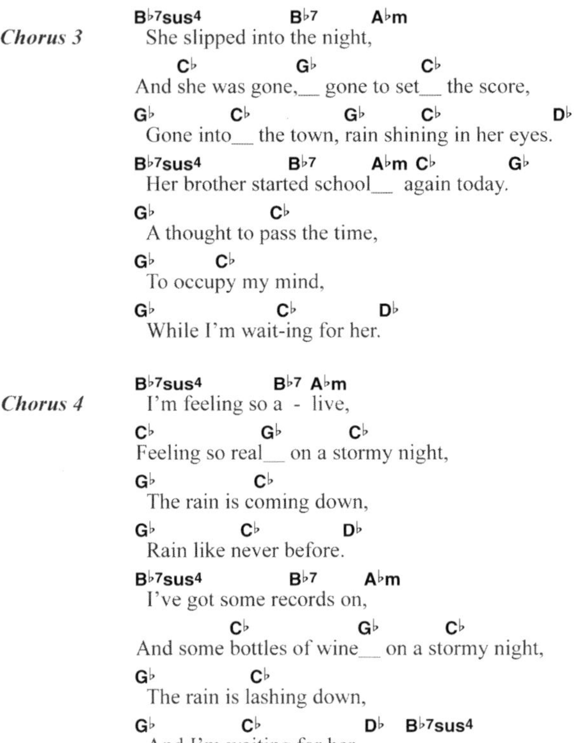

Chorus 3

B♭7sus4 B♭7 A♭m
She slipped into the night,
C♭ G♭ C♭
And she was gone,__ gone to set__ the score,
G♭ C♭ G♭ C♭ D♭
Gone into__ the town, rain shining in her eyes.
B♭7sus4 B♭7 A♭m C♭ G♭
Her brother started school__ again today.
G♭ C♭
A thought to pass the time,
G♭ C♭
To occupy my mind,
G♭ C♭ D♭
While I'm wait-ing for her.

Chorus 4

B♭7sus4 B♭7 A♭m
I'm feeling so a - live,
C♭ G♭ C♭
Feeling so real__ on a stormy night,
G♭ C♭
The rain is coming down,
G♭ C♭ D♭
Rain like never before.
B♭7sus4 B♭7 A♭m
I've got some records on,
C♭ G♭ C♭
And some bottles of wine__ on a stormy night,
G♭ C♭
The rain is lashing down,
G♭ C♭ D♭ B♭7sus4
And I'm waiting for her.

Gone Till November

Words & Music by Wyclef Jean

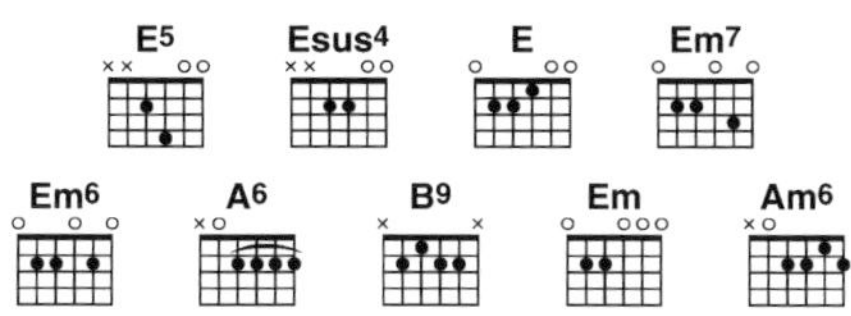

Intro (spoken)

```
E5                  Esus4
   I dedicate this record, the carnival,
   E
To all you brothers takin' long trips down south,
Em7         Em6        E5
   Virginia, Baltimore,    all around the world,
                                   Em7
And your girl gets this message that you ain't comin' back,
Em6               E5                                        Esus4
   She's sittin' back in the room, the lights are off, she's cryin',
E
   And then my voice comes in,

Pow! In the middle of the night, and this is what I told her for you...
```

Chorus 1 (sung)

```
E5                Esus4 E                               Em7
   Every time I make a run, girl, you turn around and cry,
    Em6    E5
I ask myself why, oh why,
Em7                 Em6    E5                  Esus4    E
   See, you must under - stand, I can't work a 9     to    5,

So I'll be gone 'til November,
             A6
Said I'll be gone 'til November, I'll be gone 'til November,

Yo, tell my girl, yo, I'll be gone 'til November,
        E
I'll be gone 'til November, I'll be gone 'til November,

Yo, tell my girl, yo, I'll be gone 'til November,
A6
January, February, March, April, May,
```

cont.

I see you cryin', but girl, I can't stay,
E
I'll be gone 'til November, I'll be gone 'til November,
B9
And give a kiss to my mother.

Verse 1

E5
When I come back, there'll be no need to clock,
E
I'll have enough money to buy out blocks,
Em7 Em6
Tell my brother, go to school in Sep - tember,
E5
So he won't mess up in summer school in the summer.
Em7 Em6
Tell my cousin, Jerry, wear his con - dom,
E5 Esus4
If you don't wear condom, you'll see a red lump,
E
Woh oh oh oh,

You sucker MC's, you got no flow,

I heard your style, you're s-o s-o.

Chorus 2

As Chorus 1

Verse 2 (Rap)

E5 Esus4
I had to flip nuttin' and turn it into somethin',
E N.C.
Hip - hop turns to the future rock when I smash a punk, (bing!)
Em7 Em6 E5
Commit treason, then I'll have a reason to hunt you down,

It's only right, it's rappin' season.
Em7 Em6
Yeah, you with the loud voice, posin' like you're top choice,
E5 Esus4
Your voice, I'll make a Hearse out of your Rolls Royce,
E
Be - sides, I got my girl to remember,

And I'll commit it that I'll be back in November.

Chorus 3

```
E5                 Esus4  E                              Em7
   Every time I make a run, girl, you turn around and cry,
       Em6    E5
I ask myself why, oh why,
Em7                  Em6      E5                   Esus4     E
   See, you must under - stand, I can't work a 9      to     5,
                   Em
So I'll be gone    'til November,
              A6
Said I'll be gone 'til November, I'll be gone 'til November,

Yo, tell my girl, yo, I'll be gone 'til November,
        E
I'll be gone 'til November, I'll be gone 'til November,

Yo, tell my girl, yo, I'll be gone 'til November,
A6                                          Am6
January, February, March, April, May,
                         A6
I see you cryin', but girl, I can't stay,
        E
I'll be gone 'til November, I'll be gone 'til November,
B9
   And give a kiss to my mother.
```

Outro

```
E5                                            Esus4        E
   I know the hustle's hard, but we gotta enterprise...    the carnival.
```

Hard To Handle

Words & Music by Otis Redding, Alvertis Isbell & Allen Jones

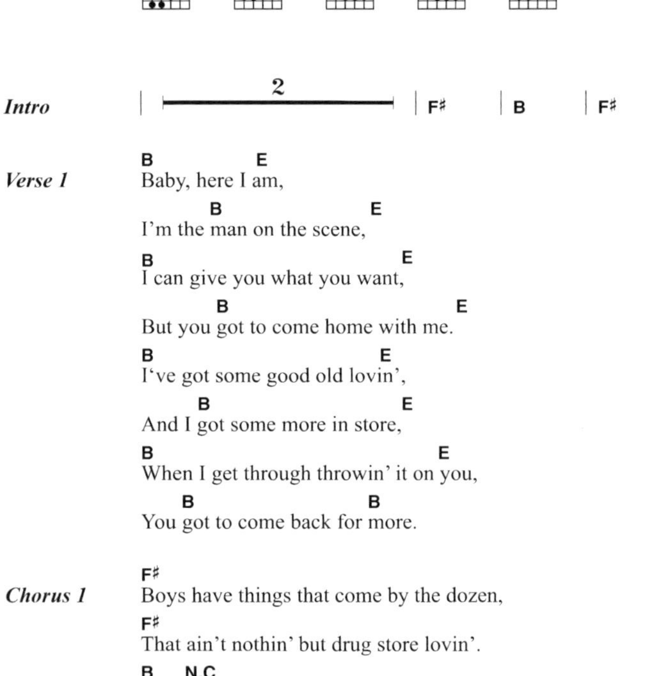

Intro | 2 | F♯ | B | F♯ ||

Verse 1

```
B               E
Baby, here I am,
        B                E
I'm the man on the scene,
B                          E
I can give you what you want,
         B                         E
But you got to come home with me.
B                        E
I've got some good old lovin',
      B                      E
And I got some more in store,
B                              E
When I get through throwin' it on you,
     B                     B
You got to come back for more.
```

Chorus 1

```
F♯
Boys have things that come by the dozen,
F♯
That ain't nothin' but drug store lovin'.
B     N.C
Pretty little thing, let me light your candle,

'Cause mama I'm sure hard to handle, now, yes around.

| D E   | A E B |
```

Verse 2

B **E**
Action speaks louder than words,
B **E**
And I'm a man of great experience,
B **E**
I know you got another man,
B **E**
But I can love you better than him.
B **E**
Take my hand, don't be afraid,
B **E**
I'm gonna prove every word I say.
B **E**
I'm advertisin' love for free,
B
So, you can place your ad with me.

Chorus 2

F♯
Boys that come along a dime by the dozen,
F♯
That ain't nothin' but ten cent lovin'.
B **N.C**
Pretty little thing, let me light your candle,

'Cause mama I'm sure hard to handle, now, yes around.
A E B
Yeah,
A E B
Hard to handle, now,
A E B
Oh, baby.
A E B

Verse 3

```
B                  E
Baby, here I am,
    B                  E
The man on your scene,
B                           E
I can give you what you want,
       B                           E
But you got to come home with me.
B                        E
I've-a got some good old lovin',
      B                      E
And I got some more in store.
B                                    E
When I get through throwin' it on you,
            B
You got to come runnin' back for more.
```

Chorus 3

```
F♯
Boys'll run along a dime by the dozen,
F♯
That ain't nothin' but drug store lovin'.
B    N.C
Pretty little thing, let me light your candle,

'Cause mama I'm sure hard to handle, now, yes around.
A E B
    Hard,
A E B
    Hard to handle, now,
A E B
    Oh yeah,
A D B
Yeah, yeah.
```

Instrumental

```
        (x8)
|: B   :|
```

Chorus 4

```
F♯
Boys that run along, a dime by the dozen.
F♯
That ain't nothin' but ten cent lovin'.
B5   N.C
Pretty little babe, let me light your candle,

'Cause mama I'm sure hard to handle, now, yes around.
A E B
      Yeah,
A E B
      So hard to,
A         E     B
Handle, now,
    A E B
Oh yeah.
```

Outro

```
B             B
Baby, good lovin',
B      B                   B
Baby, baby, owww, good lovin',
              B     B
I need good lovin',
         B              A E B
I got to have, oh yeah,
A E B
Yeah,
             A       E  B
So hard to handle, now, yeah,
A E B
   Mm-mm-mm.
```

Good Enough

Words & Music by Nigel Clark, Mathew Priest & Andy Miller

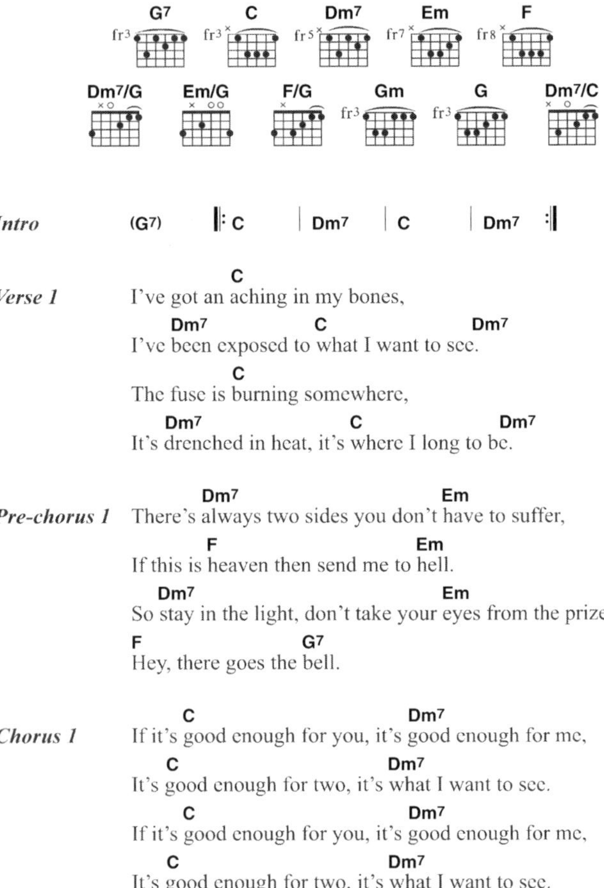

Intro (G7) |: C | Dm7 | C | Dm7 :|

Verse 1

C
I've got an aching in my bones,
Dm7 C Dm7
I've been exposed to what I want to see.
C
The fuse is burning somewhere,
Dm7 C Dm7
It's drenched in heat, it's where I long to be.

Pre-chorus 1

Dm7 Em
There's always two sides you don't have to suffer,
F Em
If this is heaven then send me to hell.
Dm7 Em
So stay in the light, don't take your eyes from the prize,
F G7
Hey, there goes the bell.

Chorus 1

C Dm7
If it's good enough for you, it's good enough for me,
C Dm7
It's good enough for two, it's what I want to see.
C Dm7
If it's good enough for you, it's good enough for me,
C Dm7
It's good enough for two, it's what I want to see.

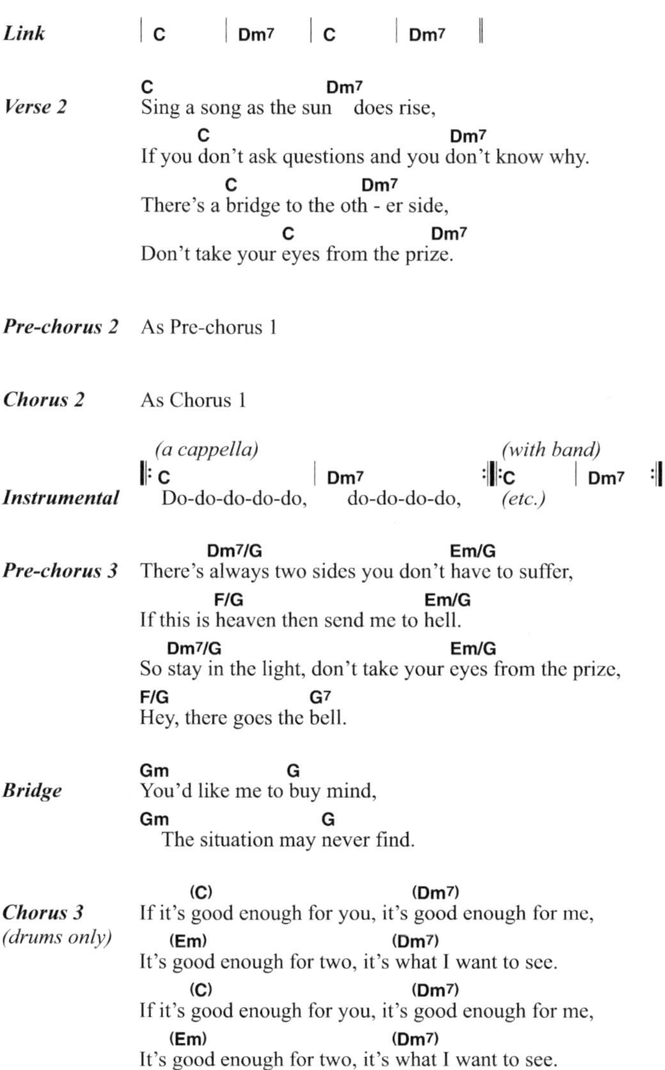

Link | C | Dm7 | C | Dm7 ||

Verse 2

C Dm7
Sing a song as the sun does rise,
C Dm7
If you don't ask questions and you don't know why.
C Dm7
There's a bridge to the oth - er side,
C Dm7
Don't take your eyes from the prize.

Pre-chorus 2 As Pre-chorus 1

Chorus 2 As Chorus 1

Instrumental

(a cappella) *(with band)*
|: C | Dm7 :||: C | Dm7 :|
Do-do-do-do-do, do-do-do-do, *(etc.)*

Pre-chorus 3

Dm7/G Em/G
There's always two sides you don't have to suffer,
F/G Em/G
If this is heaven then send me to hell.
Dm7/G Em/G
So stay in the light, don't take your eyes from the prize,
F/G G7
Hey, there goes the bell.

Bridge

Gm G
You'd like me to buy mind,
Gm G
The situation may never find.

Chorus 3
(drums only)

(C) (Dm7)
If it's good enough for you, it's good enough for me,
(Em) (Dm7)
It's good enough for two, it's what I want to see.
(C) (Dm7)
If it's good enough for you, it's good enough for me,
(Em) (Dm7)
It's good enough for two, it's what I want to see.

Chorus 4

```
       C                               Dm7
If it's good enough for you, it's good enough for me,
     C                              Dm7
It's good enough for two, it's what I want to see.
       C                               Dm7
If it's good enough for you, it's good enough for me,
     C                              Dm7
It's good enough for two, it's what I want to see.
```

Outro

```
‖: C      | Dm7    | C      | Dm7    |
 | C      | Dm7    | C      | Dm7   :‖  Repeat to fade
```

I Alone

Words & Music by Edward Kowalczyk, Patrick Dahlheimer,
Chad Gracey & Chad Taylor

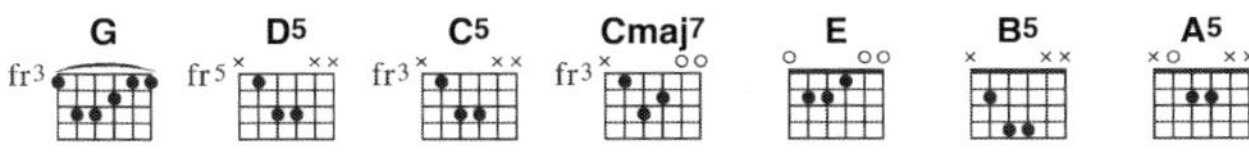

Tune guitar down one semitone

```
               G      D5          C5    Cmaj7
*Verse 1*      It's easier not to be wise,
                 G               D5              C5          Cmaj7
               And measure those things by your brains,
                G         D5          C5    Cmaj7
               I sank into Eden with you,
                G           D5              C5    Cmaj7
               Alone in the church by and by.

                 G             D5               C5    Cmaj7
*Verse 2*      I'll read to you here, save your eyes,
                     G              D5      C5    Cmaj7
               You'll need them, your boat is at sea,
                    G        D5               C5              Cmaj7
               Your anchor is up, you've been swept away,
                       G          D5              C5             Cmaj7
               And the greatest of teachers won't hesitate.

                 B5                          B5
*Pre-chorus 1* To leave you there by your - self,
                                  G
               Chained to fate, yeah.

               E    B5   G
*Chorus 1*        I alone love you,
               E    B5   G
                  I alone tempt you,
               E    B5   G
                  I alone love you,
               A5
               Fear is not the end.
```

cont.

E B5 G
I alone love you,
E B5 G
I alone tempt you,
E B5 G A5
I alone love you.

Verse 3

G D5 C5 Cmaj7
It's easier not to be great,
G D5 C5 Cmaj7
And measure those things by your eyes,
G D5 C5 Cmaj7
We long to be here by his resolve,
G D5 C5 Cmaj7
Alone in the church by and by,
G D5 C5 Cmaj7
To cradle the baby in space.

Pre-chorus 2 As Pre-chorus 1

Chorus 2

E B5 G
I alone love you,
E B5 G
I alone tempt you,
E B5 G
I alone love you,
A5
Fear is not the end.
E B5 G
I alone love you,
E B5 G
I alone tempt you,
E B5 G
I alone love you.
A5
Yeah,
E B5 G
I alone love you,
E B5 G
I alone tempt you,
E B5 G
I alone love you,
A5
Yeah.

Link | B5 | B5 | B5 | B5 ||

Bridge

B5
Oh, now we took it back too far,

Only love can save us now, all these riddles that you burn,

All come runnin' back to you, all these rhythms that you hide.

Only love can save us now, all those riddles that you burn,

Yeah, yeah, yeah.

Chorus 3

E B5 G
I alone love you,
E B5 G
I alone tempt you,
E B5 G
I alone love you,
A5
Fear is not the end.
E B5 G
I alone love you,
E B5 G
I alone tempt you,
E B5 G
I alone love you,
A5
Yeah.

Outro

E B5 G
I alone love you,
E B5 G
I alone tempt you,
E B5 G
I alone love you,

E B5 G
I alone love you,
E B5 G
I alone tempt you

I alone love you.

E B5 G ‖

I Believe I Can Fly

Words & Music by R Kelly

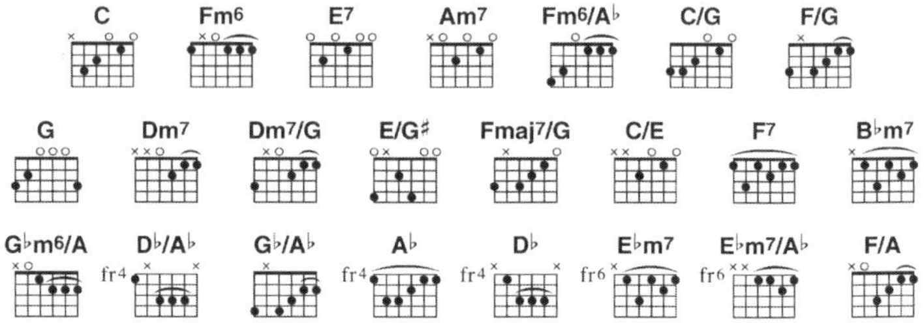

C Fm6 E7 Am7 Fm6/A♭ C/G F/G

G Dm7 Dm7/G E/G♯ Fmaj7/G C/E F7 B♭m7

G♭m6/A D♭/A♭ G♭/A♭ A♭ D♭ E♭m7 E♭m7/A♭ F/A

Verse 1

C Fm6
I used to think that I could not go on,
C Fm6
And life was nothing but an awful song.
C Fm6
But now I know the meaning of true love,
C Fm6
I'm leaning on the everlasting arms.

Pre-chorus 1

E7 Am7
If I can see it,
Fm6/A♭
Then I can do it,
C/G
If I just believe it,
F/G G
There's nothing to it. ___

Chorus 1

C
I believe I can fly,
Am7
I believe I can touch the sky,
Dm7
I think about it every night and day,
Dm7/G
Spread my wings and fly away.

cont.

E/G♯ Am7
I believe I can soar,
Fm6/A♭
See me running through that open door,
C/G
I believe I can fly,
Fm6
I believe I can fly,
Am7 Fmaj7/G
I believe I can fly.

Verse 2

C Fm6
See, I was on the verge of breaking down,
C Fm6
Sometimes silence can seem so loud,
C Fm6
There are miracles in life I must achieve,
C Fm6
But first I know it stops inside of me.

Pre-chorus 2

E7 Am7
Oh, if I can see it,
Fm6/A♭
Then I can be it,
C/G
If I just believe it,
F/G G
There's nothing to it. ___

Chorus 2

C
I believe I can fly,
Am7
I believe I can touch the sky,
Dm7
I think about it every night and day,
Dm7/G
Spread my wings and fly away.
E/G♯ Am7
I believe I can soar,
Fm6/A♭
See me running through that open door,
C/G
I believe I can fly,
Fm6
I believe I can fly,
Am7
I believe I can fly,
Dm7 C/E F/G
'Cause I believe in you, oh.

F7 B♭m7
Pre-chorus 3 If I can see it,
G♭m6/A
Then I can do it,
D♭/A♭
If I just believe it,
G♭/A♭
There's nothing to it.

A♭ D♭
Chorus 3 I believe I can fly,
B♭m7
I believe I can touch the sky,
E♭m7
I think about it every night and day,
E♭m7/A♭
Spread my wings and fly away.
F/A B♭m7
I believe I can soar,
G♭m6/A
See me running through that open door,
D♭/A♭
I believe I can fly,
G♭m6/A
I believe I can fly,
D♭/A♭
I believe I can fly,
G♭m6/A
If I just spread my wings,
D♭/A♭
I believe I can fly,
G♭m6/A D♭
Mm, fly-y-y.

I Try

Words by Macy Gray
Music by Macy Gray, Jeremy Ruzumna, Jinsoo Lim & David Wilder

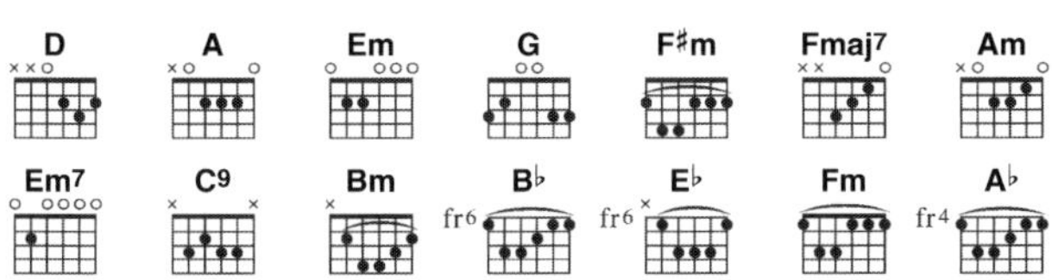

Verse 1

```
D                        A
   Games, changes and fears,
                Em
When will they go from here?
        N.C.
When will they stop?
              D
I believe that fate,
                A
Has brought us here,
                       Em
And we should be to - gether babe,

But we're not.
G                        F♯m
   I play it off but I'm dreaming of you,
Em                             A
   And I'll keep my cool but I'm fiendin',
```

```
Chorus 1     D
             I try to say good - bye and I choke,
                         A
             I try to walk a - way and I stumble,
                         Em
             Though I try to hide it, it's clear,
                      G                              A
             My world crumbles when you are not near.
                  D
             Good - bye and I choke,
                         A
             I try to walk a - way and I stumble,
                         Em
             Though I try to hide it, it's clear,
                      G                              A
             My world crumbles when you are not near.

             D                  A
Verse 2        I may appear to be free,
                                Em
             Though I'm just a prisoner,

             Of your love,
             N.C.               D
             And I may seem all right,
                                A
             And smile when you leave,
                                Em
             But my smiles are just a front,

             Just a front.

             Hey!
             G                            F#m
               And I play it off but I'm dreamin' of you.
             Em                         A
               And I'll keep my cool but I'm fiendin'.


Chorus 2     As Chorus 1
```

Bridge

Fmaj7 Am
Here is my con - fession,

Fmaj7
May I be your pos - session?

Em7
Boy, I need your touch,

C9
Your love kisses, and such,

Bm
With all my might I try,

Em
But this I can't de - ny, deny.

G F♯m
I play it off but I'm dreamin' of you,

Em A
And I'll keep my cool but I'm fiendin'.

Chorus 3

B♭ E♭
||: I try to say good - bye and I choke,

B♭
I try to walk a - way and I stumble,

Fm
Though I try to hide it, it's clear,

A♭ B♭
My world crumbles when you are not near.

E♭
Good - bye and I choke,

B♭
I try to walk a - way and I stumble,

Fm
Though I try to hide it, it's clear,

A♭ B♭
My world crumbles when you are not near. :|| *Repeat chorus to fade*

Jeremy

Words by Eddie Vedder
Music by Jeff Ament

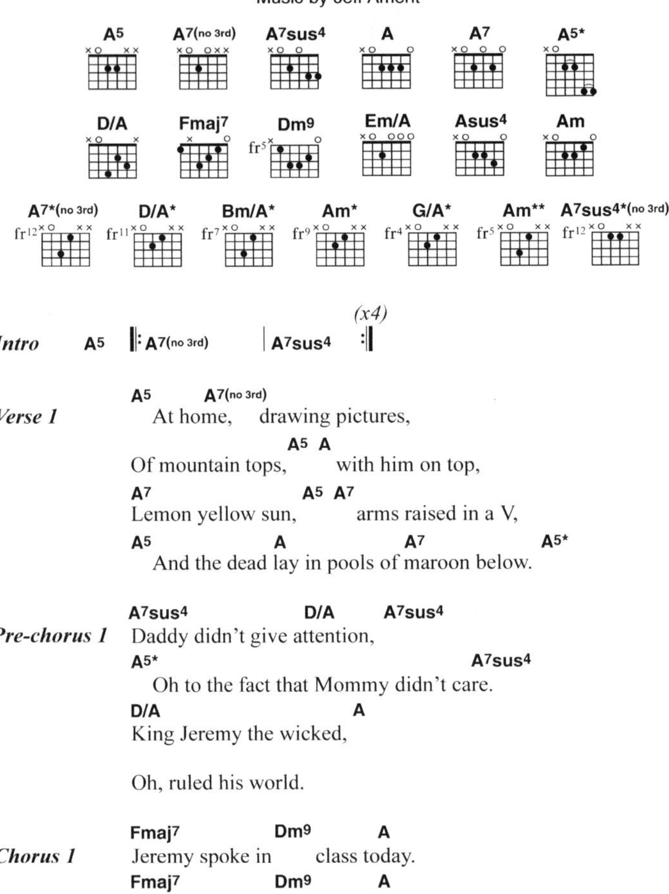

Intro A5 ‖: A7(no 3rd) | A7sus4 :‖ *(x4)*

Verse 1

A5 A7(no 3rd)
At home, drawing pictures,
A5 A
Of mountain tops, with him on top,
A7 A5 A7
Lemon yellow sun, arms raised in a V,
A5 A A7 A5*
And the dead lay in pools of maroon below.

Pre-chorus 1

A7sus4 D/A A7sus4
Daddy didn't give attention,
A5* A7sus4
Oh to the fact that Mommy didn't care.
D/A A
King Jeremy the wicked,

Oh, ruled his world.

Chorus 1

Fmaj7 Dm9 A
Jeremy spoke in class today.
Fmaj7 Dm9 A
Jeremy spoke in class today.

Verse 2

```
A5 A7(no 3rd)                              A5
   Clearly I remember picking on the boy,
A                                  A7
   Seemed a harmless little fuck.
A5   A7
Ooh,    but we unleashed a lion,
         A5          A
Gnashed his teeth and bit the recess lady's breast.
               A5*
How could I forget,
A7sus4
   And he hit me with a surprise left,
A                                                A5
   My jaw left hurting, ooh, dropped wide open,
A7(no 3rd)   Em/A
Just like the day,
    A                   Asus4  A  A5*
Oh, like the day I heard.
```

Pre-chorus 2

```
A7sus4              D/A          A7sus4
Daddy didn't give affection, no,
    A                                          A5    A7sus4
And   the boy was something that Mommy wouldn't wear.
D/A                       A
King Jeremy the wicked,

Oh, ruled his world.
```

Chorus 2

```
Fmaj7            Dm9        A
Jeremy spoke in       class today.
Fmaj7            Dm9        A
Jeremy spoke in       class today.
Fmaj7            Dm9        A
Jeremy spoke in       class today.
```

Instrumental

```
                    (x4)
|: A5*   A7sus4    :|
```

Bridge

```
         A5*    A7sus4          A5*
Try to forget this,      (try to forget this)
A7sus4       A5*  A7sus4     A
Try to erase this, (try to erase   this)
               Fmaj7  Dm   Am
From the blackboard.
```

Chorus 3

```
Fmaj7             Dm9        A
Jeremy spoke in       class today.
Fmaj7             Dm9        A
Jeremy spoke in       class today.
Fmaj7             Dm9
Jeremy spoke in,       spoke in,
Am
Jeremy spoke in, spoke in,
Fmaj7             Dm9        A
Jeremy spoke in       class today.
```

Instrumental

```
‖: Fmaj7 | Dm9 | Am | Am :‖

                         (x6)
‖: Fmaj7 | Dm9 | A5* | A5* :‖
```

Free rhythm

Outro

```
A7*(no 3rd)  D/A*         Bm/A*   Am*    G/A*   Am**   G/A*

Am**         A7*(no 3rd)  D/A*    Bm/A*  Am*    G/A*

Am**         G/A*         A7sus4*(no 3rd)
```

Just A Girl

Words & Music by Gwen Stefani & Tom Dumont

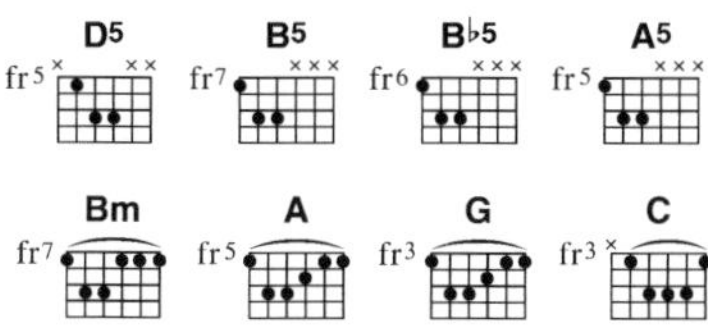

Intro ||: D5 B5 B♭5 A5 :|| *(x4)*

Verse 1

```
D5    B5          B♭       A5       D5     B5  B♭5
Take this pink ribbon off my eyes,
A5          D5      B5      B♭5     A5        D5      B5  B♭5
I'm ex - posed    and it's no big sur - prise.
A5             D5        B5               B5    A5        D5        B5  B♭5
Don't you think I know ex - actly where I stand?
A5         D5            B5          B♭5    A5           D5      B5  B♭5  A5
   This world is forcing me to hold your hand.
```

Chorus 1

```
           Bm          A       G           A
'Cause I'm just a girl, oh little old me,
        Bm             A           G          A
Well don't let me out of your sight,
      Bm        A       G                  A
Oh I'm just a girl, all pretty and pe - tite,
      Bm            A        G        A
So don't let me have any rights.
G         C             D5     B5  B♭5  A5 | D5  B5  B5  A5 |
Oh I've had it up to here!
```

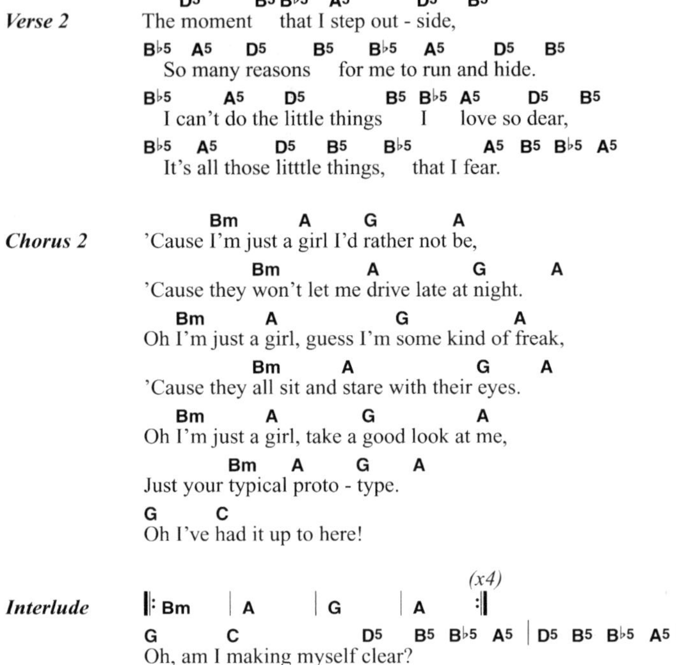
Verse 2
D5 B5 B♭5 A5 D5 B5
The moment that I step out - side,
B♭5 A5 D5 B5 B♭5 A5 D5 B5
So many reasons for me to run and hide.
B♭5 A5 D5 B5 B♭5 A5 D5 B5
I can't do the little things I love so dear,
B♭5 A5 D5 B5 B♭5 A5 B5 B♭5 A5
It's all those litttle things, that I fear.
Chorus 2
Bm A G A
'Cause I'm just a girl I'd rather not be,
Bm A G A
'Cause they won't let me drive late at night.
Bm A G A
Oh I'm just a girl, guess I'm some kind of freak,
Bm A G A
'Cause they all sit and stare with their eyes.
Bm A G A
Oh I'm just a girl, take a good look at me,
Bm A G A
Just your typical proto - type.
G C
Oh I've had it up to here!
Interlude
(x4)
Bm A G A
G C D5 B5 B♭5 A5 D5 B5 B♭5 A5
Oh, am I making myself clear?

```
            D5  B5    B♭5  A5  D5  B5    B♭5  A5
Verse 3     I'm just a girl,
            D5  B5    B♭5 A5    D5      B5    B♭5  A5
            I'm just a girl in the world,
                 D5 B5            B♭5 A5 D5   B5    B♭5  A5
            That's all that you'll let  me be!__________

               Bm       A        G        A
Chorus 3    Oh I'm just a girl living in captiv - ty,
                      Bm                A            G        A
            Your rule of thumb makes me worry some.
               Bm       A  G            A
            Oh I'm just a girl, what's my des - tiny?
                      Bm          A          G    A
            What I'm succumbed to is making me numb.

               Bm       A      G      A
Chorus 4    Oh I'm just a girl, my apolo - gies,
                       Bm     A           G      A
            What I've become is so burden - some.
               Bm       A  G   A
            Oh I'm just a girl, lucky me,
                    Bm             A          G   A
            Tweedle-dum, there's no compari - son.
            G      C
            Oh, I've had it up to,
            G      C
            Oh, I've had it up to,
            G      C          Bm
            Oh, I've had it up to here!
```

Learn To Fly

Words & Music by Dave Grohl, Taylor Hawkins & Nate Mendel

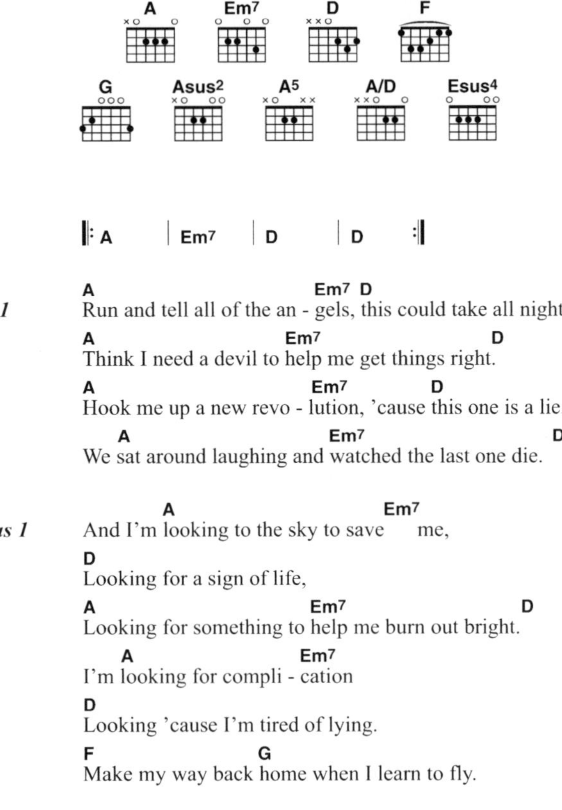

Intro | |: A | Em7 | D | D :| |

Verse 1

```
A                            Em7  D
Run and tell all of the an - gels, this could take all night.
A                       Em7                  D
Think I need a devil to help me get things right.
A                          Em7         D
Hook me up a new revo - lution, 'cause this one is a lie.
     A                        Em7                D
We sat around laughing and watched the last one die.
```

Chorus 1

```
               A                    Em7
And I'm looking to the sky to save     me,
D
Looking for a sign of life,
A                          Em7                  D
Looking for something to help me burn out bright.
     A                Em7
I'm looking for compli - cation
D
Looking 'cause I'm tired of lying.
F                  G
Make my way back home when I learn to fly.
```

Link | |: A | Em7 | D | D :| |

Verse 2

```
A                             Em7      D
Think I'm done nursing the patients, I can wait one night.
   A                            Em7                   D
I'd give it all away if you'd give me one last try.
A                   Em7            D
We live happily e - ver trapped, if you just save my life.
A                            Em7          D
Run and tell the angels that ev'rything's all right.
```

Chorus 2

```
          A                     Em7
And I'm looking to the sky to save me,
D
Looking for a sign of life,
A                            Em7                     D
Looking for something to help me burn out bright.
    A                    Em7
I'm looking for compli - cation,
D
Looking 'cause I'm tired of trying.
F                       G                 D
Make my way back home when I learn to fly.
```

Bridge

```
F                          G
Make my way back home   when I learn to,
A      F                C                    D
Fly a - long with me, I can't quite make it a - lone.
F                   G
Try to make this life my own.
A      F                C                    D
Fly a - long with me, I can't quite make it a - lone.
F                  G
Try to make this life my own,
```

Chorus 3

```
          A                     Em7
And I'm looking to the sky to save me,
D
Looking for a sign of life,
A                            Em7                  D
Looking for something to help me burn out bright.
          A                   Em7
And I'm looking for compli - cation,
D
Looking 'cause I'm tired of trying.
F                       G
Make my way back home when I learn to,
```

Chorus 4

```
              A                      Em7
And I'm looking to the sky to save me,
D
Looking for a sign of life,
A                              Em7              D
Looking for something to help me burn out bright.
    A                        Em7
I'm looking for compli - cation,
D
Looking 'cause I'm tired of trying.
F                           G                   D
Make my way back home when I learn to fly,
F                           G                   D
Make my way back home when I learn to fly,
F                           G
Make my way back home when I learn to...

| Asus2 | Asus2 | Asus2 | Asus2 | A5  A/D  Esus4 ||
```

Let Me Entertain You

Words & Music by Robbie Williams & Guy Chambers

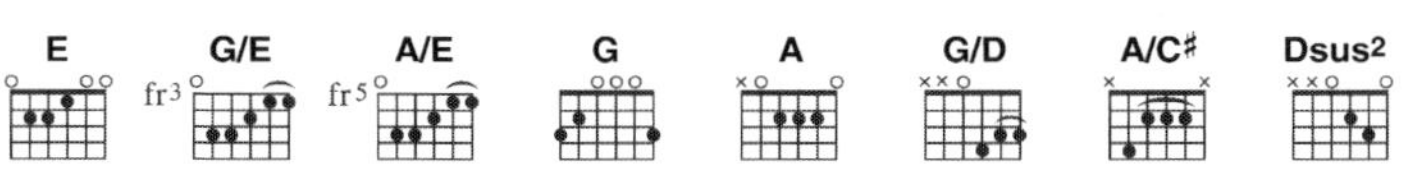

Capo first fret

Intro | E | G/E | A/E | E ||

Verse 1

E
Hell is gone and heaven's here,
G/E
There's nothing left for you to fear,
A/E E
Shake your ass, come over here, now scream.

I'm a burning effigy,
G/E
Of everything I used to be,
A/E E
You're my rock of empathy, my dear.

Chorus 1

E G A E
So come on let me enter - tain you.
G A E
Let me enter - tain you.

Verse 2

Life's too short for you to die,
G/E
So grab yourself an alibi,
A/E E
Heaven knows your mother lied, mon cher.

Separate your right from wrongs,
G/E
Come and sing a different song,
A/E E
The kettle's on so don't be long, mon cher.

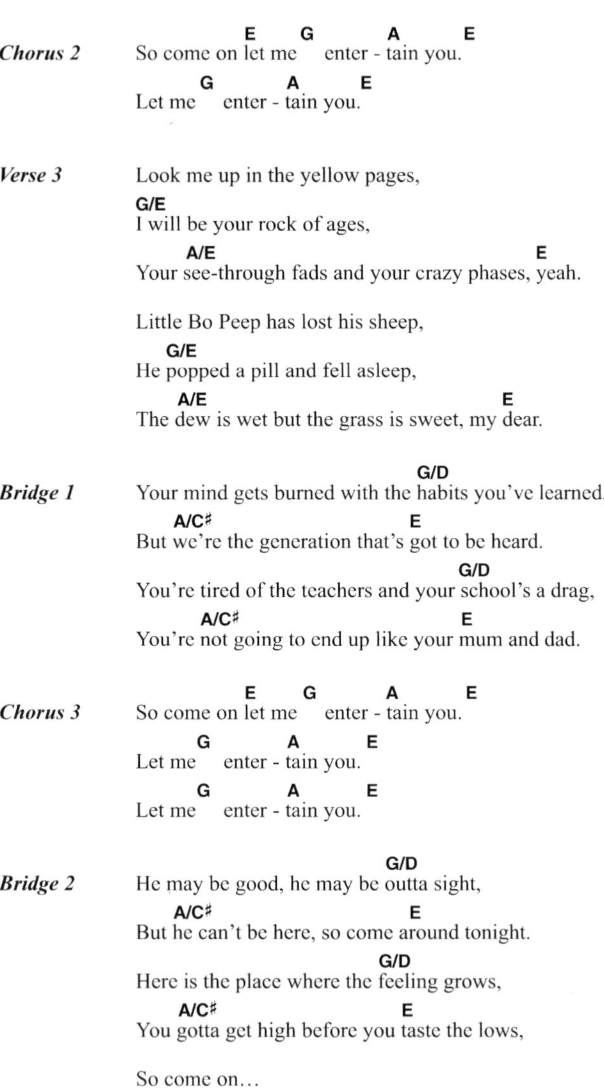

Chorus 2

E G A E
So come on let me enter - tain you.

G A E
Let me enter - tain you.

Verse 3

Look me up in the yellow pages,

G/E
I will be your rock of ages,

A/E E
Your see-through fads and your crazy phases, yeah.

Little Bo Peep has lost his sheep,

G/E
He popped a pill and fell asleep,

A/E E
The dew is wet but the grass is sweet, my dear.

Bridge 1

G/D
Your mind gets burned with the habits you've learned,

A/C♯ E
But we're the generation that's got to be heard.

G/D
You're tired of the teachers and your school's a drag,

A/C♯ E
You're not going to end up like your mum and dad.

Chorus 3

E G A E
So come on let me enter - tain you.

G A E
Let me enter - tain you.

G A E
Let me enter - tain you.

Bridge 2

G/D
He may be good, he may be outta sight,

A/C♯ E
But he can't be here, so come around tonight.

G/D
Here is the place where the feeling grows,

A/C♯ E
You gotta get high before you taste the lows,

So come on…

Instrumental 𝄆 E | G/E | A/E | E 𝄇

Chorus 4
```
          G      A      E
Let me    enter - tain you.
          G      A      E
Let me    enter - tain you,
          G      A      E
Let me    enter - tain you,
          G      A      E
Let me    enter - tain you.
```

Link
```
𝄆 Come on, come on, come on, come on,
Dsus2
Come on, come on, come on, come on,
A/C#                                E
Come on, come on, come on, come on.   𝄇
```

Instrumental 𝄆 E | G | A | E 𝄇

Outro
```
                     G
𝄆 Let me  enter - tain you,
A                 E
Let me enter - tain you.  𝄇 Repeat to fade
```

The Life Of Riley

Words & Music by Ian Broudie

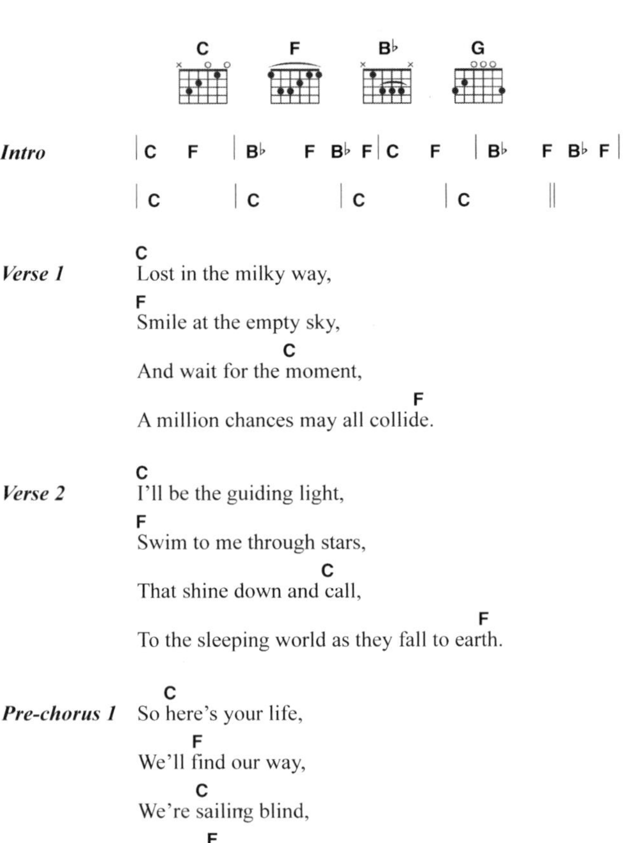


```
Intro          | C   F   | B♭    F B♭ F | C   F    | B♭    F B♭ F |

               | C       | C            | C        | C            ||


               C
Verse 1        Lost in the milky way,
               F
               Smile at the empty sky,
                                  C
               And wait for the moment,
                                                 F
               A million chances may all collide.


               C
Verse 2        I'll be the guiding light,
               F
               Swim to me through stars,
                                      C
               That shine down and call,
                                                       F
               To the sleeping world as they fall to earth.


                  C
Pre-chorus 1   So here's your life,
                    F
               We'll find our way,
                     C
               We're sailing blind,
                      F
               But it's certain nothing's certain.
```

Chorus 1

```
C
I don't mind,
  F                    C
I _ get the feeling you'll be fine,
  F                      C
I _ still believe that in this world,
    F                     G
We've got to find the time,
                    C    F   | B♭   F  B♭ F | C   F   | B♭   F  B♭ (F) ||
For the life of Riley.
```

Verse 3

```
F     C
From cradles and sleepless nights,
      F
You breathe in life forever,
      C
And stare at the world,
                         F
From deep under eiderdown.
```

Pre-chorus 2

```
    C
So here's your life,
       F
We'll find our way,
        C
We're sailing blind,
          F
But it's certain nothing's certain.
```

Chorus 2

```
C
I don't mind,
  F                    C
I _ get the feeling you'll be fine,
  F                      C
I _ still believe that in this world,
    F                     G
We've got to find the time,

For the first time.
```

Chorus 3

```
C
I don't mind,
  F                    C
I _ get the feeling you'll be fine,
  F                      C
I _ still believe that in this world,
```

```
              F                       G
cont.         We've got to find the time,
                                C  | C   | C   | C   |
              For the life of Riley.
              G
              All this world is a crazy ride,
                   F                  G
              Just take your seat and hold on tight.

                C
Pre-chorus 3  So here's your life,
                   F
              We'll find our way,
                   C
              We're sailing blind,
                     F
              But it's certain nothing's certain.

              C
Chorus 4      I don't mind,
               F               C
              I _ get the feeling you'll be fine,
               F                 C
              I _ still believe that in this world,
                 F                    G
              We've got to find the time,

              For the first time.

              C
Chorus 5      I don't mind,
               F               C
              I _ get the feeling you'll be fine,
               F                 C
              I _ still believe that in this world.
                 F                    G
              We've got to find the time,
                                C    F
              For the life of Riley,
              B♭       F  B♭ F C      F
                 The life of  Ri  -  ley,
              B♭       F  B♭ F C      F
                 The life of  Ri  -  ley,
              B♭       F  B♭ F C
                 The life of  Ri  -  ley.
```

A Little Time

Words & Music by Paul Heaton & David Rotheray

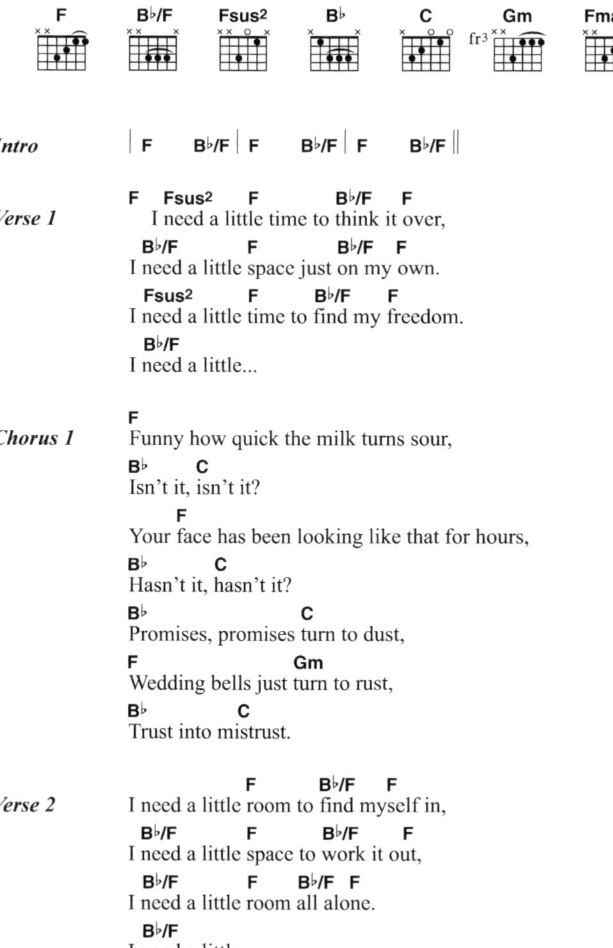


```
Intro       | F      B♭/F | F      B♭/F | F      B♭/F ||

            F    Fsus2     F            B♭/F    F
Verse 1        I need a little time to think it over,
              B♭/F           F            B♭/F    F
            I need a little space just on my own.
              Fsus2          F         B♭/F     F
            I need a little time to find my freedom.
              B♭/F
            I need a little...

            F
Chorus 1    Funny how quick the milk turns sour,
            B♭       C
            Isn't it, isn't it?
                   F
            Your face has been looking like that for hours,
            B♭          C
            Hasn't it, hasn't it?
            B♭                         C
            Promises, promises turn to dust,
            F                        Gm
            Wedding bells just turn to rust,
            B♭              C
            Trust into mistrust.

                             F          B♭/F     F
Verse 2     I need a little room to find myself in,
             B♭/F            F          B♭/F       F
            I need a little space to work it out,
              B♭/F           F      B♭/F  F
            I need a little room all alone.
              B♭/F
            I need a little...
```

Chorus 2

F
You need a little room for your big head,
B♭ C
Don't you, don't you?
F
You need a little space for a thousand beds,
B♭ C
Won't you, won't you?
B♭ C
Lips that promise, fear the worst,
F Gm
Tongue so sharp, the bubble burst,
B♭ C
Just into un - just.

Instrumental

| Fmaj7 B♭/F | Fmaj7 B♭/F | Fmaj7 B♭/F | Fmaj7 B♭/F |

| Fmaj7 B♭/F | Fmaj7 B♭/F | Fmaj7 B♭/F ||

Verse 3

Fmaj7 B♭/F F B♭/F F
I've had a little time to find the truth.
B♭/F F B♭/F F
Now I've had a little room to check what's wrong.
B♭/F F B♭/F F
I've had a little time and I still love you.
B♭/F
I've had a little...

Chorus 3

F
You had a little time and you had a little fun,
B♭ C
Didn't you, didn't you?
F
While you had yours do you think I had none,
B♭ C
Do you, do you?
B♭ C
The freedom that you wanted bad,
F Gm
Is yours for good, I hope you're glad.
B♭ C
Sad into un - sad.

Verse 4

```
                      Fmaj7
I had a little time
      Fsus2   Fmaj7
To think it ___ over.
Fsus2          Fmaj7
Had a little room
      Fsus2   Fmaj7
To work it out.
   Fsus2          F
I found a little courage
      Fsus2  Fmaj7
To call it  off.
```

Outro

```
Fmaj7
    I've had a little time,

I've had a little time,

I've had a little time,
                             F
I've had a little time.
```

Livin' La Vida Loca

Words & Music by Desmond Child & Robi Rosa

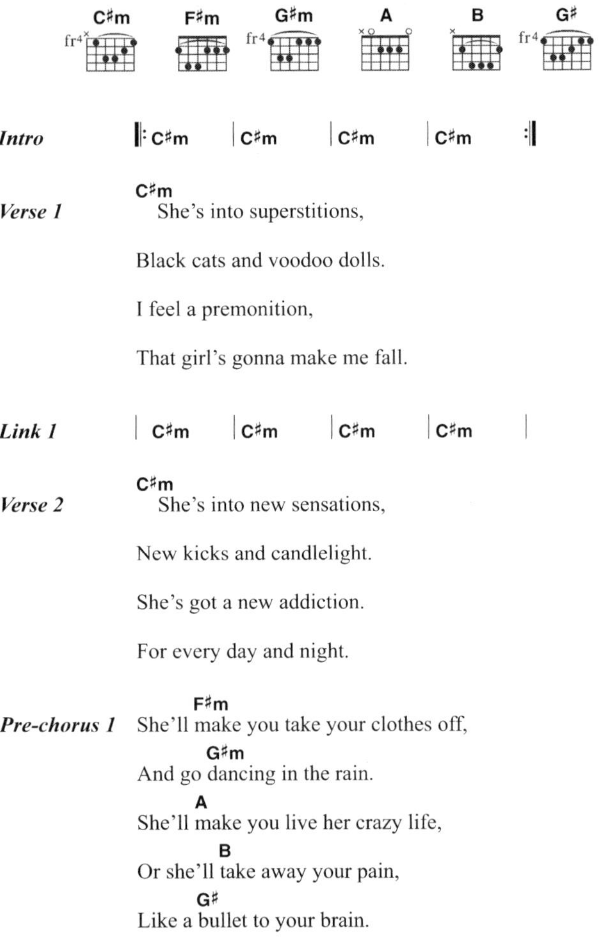

Intro ‖: C♯m | C♯m | C♯m | C♯m :‖

Verse 1
C♯m
She's into superstitions,
Black cats and voodoo dolls.
I feel a premonition,
That girl's gonna make me fall.

Link 1 | C♯m | C♯m | C♯m | C♯m |

Verse 2
C♯m
She's into new sensations,
New kicks and candlelight.
She's got a new addiction.
For every day and night.

Pre-chorus 1
F♯m
She'll make you take your clothes off,
G♯m
And go dancing in the rain.
A
She'll make you live her crazy life,
B
Or she'll take away your pain,
G♯
Like a bullet to your brain.

Chorus 1

```
C#m
Upside inside out,
       B             C#m
She's livin' la Vida Loca.

She'll push and pull you down,
B                C#m
Livin' la Vida Loca.

Her lips are devil red,
          B                    C#m
And her skin's the colour of mocha.

She will wear you out,
B                C#m
Livin' la Vida Loca,
B                C#m
Livin' la Vida Loca,
       B             C#m
She's livin' la Vida Loca.
```

Link 2

```
||: C#m    | C#m    | C#m    | C#m    :||
```

Verse 3

```
C#m
   Woke up in New York City,

In a funky cheap motel,

She took my heart and she took my money,

She must have slipped me a sleeping pill.
```

Pre-chorus 2

```
     F#m
She never drinks the water,
             G#m
Makes you order French Champagne.
     A
And once you've had a taste of her,
         B
You'll never be the same,
             G#
And she'll make you go insane.
```

Chorus 2 As Chorus 1

Instrumental ||: C♯m | C♯m | B | C♯m :||

Pre-chorus 3 As Pre-chorus 1

Chorus 3

C♯m
Upside inside out,
      B
She's livin' la Vida Loca.

She'll push and pull you down,
B   C♯m
Livin' la Vida Loca.

Her lips are devil red,
          B
And her skin's the colour of mocha.

She will wear you out,
B   C♯m
Livin' la Vida Loca.

Chorus 4

C♯m
Upside inside out,
      B   C♯m
She's livin' la Vida Loca.

She'll push and pull you down,
      B   C♯m
She's livin' la Vida Loca.

Her lips are devil red,
          B   C♯m
And her skin's the colour of mocha.

She will wear you out,
B   C♯m
Livin' la Vida Loca,
B   C♯m
Livin' la Vida Loca,
      B   C♯m
She's livin' la Vida Loca.

Outro ||: C♯m | C♯m | B | C♯m :||

| B | C♯m | B | C♯m ||

Loser

Words & Music by Beck & Carl Stephenson

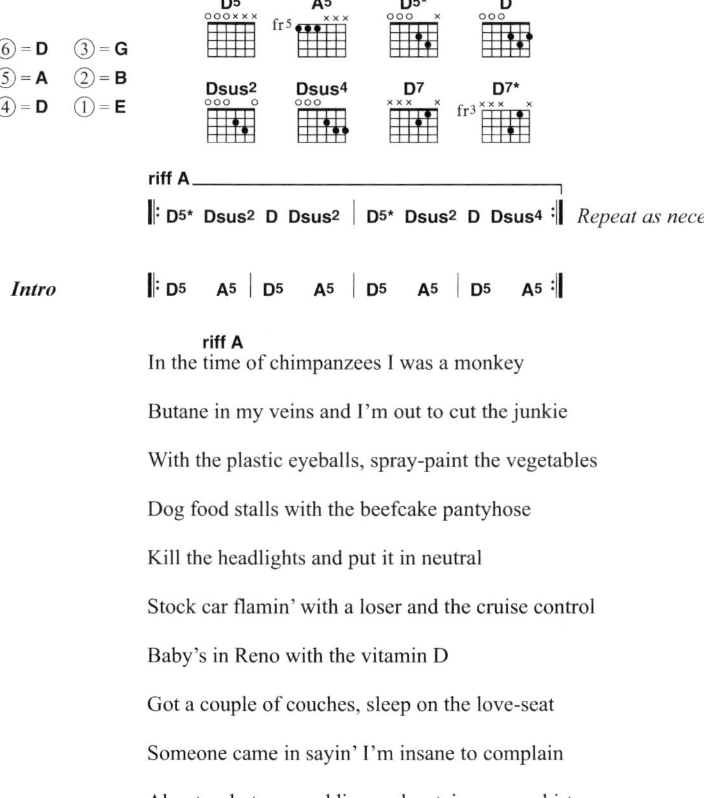

riff A

𝄆 **D5* Dsus2 D Dsus2** | **D5* Dsus2 D Dsus4** 𝄇 *Repeat as necessary*

Intro 𝄆 **D5 A5** | **D5 A5** | **D5 A5** | **D5 A5** 𝄇

riff A

In the time of chimpanzees I was a monkey

Butane in my veins and I'm out to cut the junkie

With the plastic eyeballs, spray-paint the vegetables

Dog food stalls with the beefcake pantyhose

Kill the headlights and put it in neutral

Stock car flamin' with a loser and the cruise control

Baby's in Reno with the vitamin D

Got a couple of couches, sleep on the love-seat

Someone came in sayin' I'm insane to complain

About a shotgun wedding and a stain on my shirt

Don't believe everything that you breathe

You get a parking violation and a maggot on your sleeve

cont.

```
  D5                                          A5
So shave your face with some mace in the dark
D5                                                    A5
Savin' all your food stamps and burnin' down the trailer park
D5    A5  D5     N.C.
  Yo,        cut it.
```

Chorus 1

```
riff A
Soy un perdedor, I'm a loser baby, so why don't you kill me?

Soy un perdedor, I'm a loser baby, so why don't you kill me?
```

Verse 2

```
N.C. (bass only)
Forces of evil on a bozo nightmare

Ban all the music with a phony gas chamber

'Cuz one's got a weasel and the other's got a flag

One's on the pole, shove the other in a bag
          D5                               A5
With the rerun shows and the cocaine nose-job
D5                                         A5
  The daytime crap of the folksinger slob
D5                                         A5
  He hung himself with a guitar string
  D5                                                  A5
A slab of turkey-neck and it's hangin' from a pigeon wing
D7
  You can't write if you can't relate
                                               D7*
Trade the cash for the beef for the body for the hate
          D7
And my time is a piece of wax fallin' on a termite

That's chokin' on the splinters.
```

Chorus 2

riff A
Soy un perdedor, I'm a loser baby, so why don't you kill me?
(Get crazy with the cheese whiz)

Soy un perdedor, I'm a loser baby, so why don't you kill me?
N.C.
(Drive-by body-pierce)
| **N.C.** | **N.C.** | **N.C.** | **N.C.** ||
(Sooooy______)

Instrumental ||: **D5** **A5** | **D5** **A5** | **D5** **A5** | **D5** **A5** :||

riff A______________________________

| **D5*** **Dsus2** **D** **Dsus2** | **D5*** **Dsus2** **D** **Dsus4** ||

Outro

riff A **N.C.**
(I'm a driver, I'm a winner; things are gonna change I can feel it)
riff A
Soy un perdedor, I'm a loser baby, so why don't you kill me?
(I can't believe you)

Soy un perdedor, I'm a loser baby, so why don't you kill me?

Soy un perdedor, I'm a loser baby, so why don't you kill me?
(Sprechen sie deutches, baby)

Soy un perdedor, I'm a loser baby, so why don't you kill me?
D5
(Know what I'm sayin'?) *Fade out*

Looking For Love

Words & Music by Ben Watt & Tracey Thorn

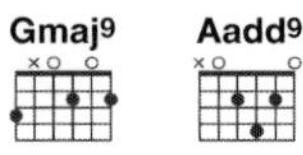

Intro | Gmaj9 | Gmaj9 | Gmaj9 | Gmaj9 |

| Gmaj9 | Gmaj9 | Gmaj9 | Gmaj9 ||

Found you.

```
             Gmaj9
Verse 1        I was alone thinking I was just fine,
             Aadd9
               I wasn't looking for anyone to be mine.
             Gmaj9
               I thought love was just a fabrication,
             Aadd9
               A train that wouldn't stop at my station.
             Gmaj9
             Home alone, that was my consignment,
             Aadd9
               Solitary confinement.
             Gmaj9
               So when we met I was skirting around you,
             Aadd9                                     Gmaj9
               I didn't know I was looking for love until I found you.

             Aadd9                                     Gmaj9
Chorus 1       I didn't know I was looking for love until I found you.
             Aadd9                                     Gmaj9
               I didn't know I was looking for love until I found you.
             Aadd9
               I didn't know I was looking for love,
             Aadd9
               I didn't know I was looking for love.
```

Verse 2

Gmaj9
'Cause there you stood and I would or I wondered,
Aadd9
Could I say how I felt and not be misunderstood.
Gmaj9
A thousand stars came into my system,
Aadd9
I never knew how much I had missed them.
Gmaj9
Slap upon the mat of my heart you landed,
Aadd9
I was coy with you and you were candid.
Gmaj9
And now the planets circle around you,
Aadd9 Gmaj9
I didn't know I was looking for love until I found you.

Chorus 2

As Chorus 1

Verse 3

Gmaj9
So we build from here with love a foundation,
Aadd9
In a wall of tears one consolation.
Gmaj9
And now you're here there's a full brass band,
Aadd9
Playing in me like a wonderland.
Gmaj9
And if you left I would be two foot small,
Aadd9
And ev'ry tear would be a waterfall.
Gmaj9
Soundless, boundless I'll surround you,
Aadd9 Gmaj9 Aadd9
I didn't know I was looking for love until I found you,
Gmaj9 Aadd9
Found you.
Gmaj9
I just didn't know.

Chorus 3

As Chorus 1
Gmaj9
I just didn't know.

Chorus 4

𝄆 As Chorus 1 𝄇 *Repeat to fade*

Love Is All Around

Words & Music by Reg Presley

Intro | F B♭/F | F7 B♭/F | F B♭/F | F7

Verse 1
B♭ Cm E♭ F B♭ Cm | E♭ F
I feel it in my fingers, I feel it in my toes,
B♭ Cm E♭ F B♭ Cm | E♭ F
The love that's all around me, and so the feeling grows,
B♭ Cm E♭ F B♭ Cm | E♭ F
It's written on the wind, it's everywhere I go,
B♭ Cm E♭ F B♭ Cm | E♭ F | F || E♭
So if you really love me, come on and let it show.

Chorus 1
Cm E♭
You know I love you, I always will,
B♭
My mind's made up by the way that I feel.
E♭ Cm
There's no beginning, there'll be no end,
F F7
'Cause on my love you can depend.

Instrumental | B♭ Cm | E♭ Fsus4 F | B♭ Cm | E♭ Fsus4 F

Verse 2
B♭ Cm E♭ F B♭ Cm | E♭ F
I see your face before me as I lay on my bed,
B♭ Cm E♭ F B♭ Cm | E♭ F
I kinda get to thinking of all the things you said.
B♭ Cm E♭ F B♭ Cm | E♭ F
You gave your promise to me and I gave mine to you,
B♭ Cm E♭ F B♭ Cm | E♭ F | F || E♭
I need someone beside me in everything I do.

Chorus 2

```
(E♭)                          Cm          E♭
You know I love you, I always will,
                                 B♭
My mind's made up by the way that I feel.
        E♭                            Cm
There's no beginning, there'll be no end,
                              F           F7  B♭/F | F7  B♭/F | F
'Cause on my love you can depend.
                B♭/F    F7
Got to keep it moving.
```

Verse 3

```
    B♭            Cm    E♭        Fsus4   F  B♭  Cm  | E♭  F
It's written in the wind, oh, everywhere I   go,
   B♭                  Cm E♭    Fsus4  F    B♭  Cm  | E♭
So if you really love me,  come on and let it show,
      F
Come on and let it (show).
   B♭           Cm
‖: Come on and let it,
E♭              Fsus4  F
Come on and let      it,
B♭            Cm   E♭    Fsus4  F
Come on and let it show.              :‖   Repeat to fade
```

Maria

Words & Music by Jimmy Destri

A5 E/G♯ F♯5 E5 D5

A E F♯m D B

Intro

| A5 | E/G♯ | F♯5 | E5 |

| A5 | E5 | D5 | D5 ||

Verse 1

    A   E
She moves like she don't care,
F♯m   D
Smooth as silk, cool as air.
A   E   D
Ooh, it makes you wanna cry.
    A   E
She doesn't know your name,
             F♯m   D
And your heart beats like a subway train.
A   E   D
Ooh, it makes you wanna die.

Link 1

                      E   F♯m D
Ooh, don't you wanna take her,
                 E   F♯m
You wanna make her all your own?

Chorus 1

       A   E/G♯   F♯m   D
Ma - ria,   you've got to see her,
     A   E   D
Go insane and out of your mind.
      A   E/G♯   F♯m D
Re - gina,   Ave Ma - ria.
  A   E   D
A million and one candle lights.

```
                  A                    E
Verse 2     I've seen this thing be - fore,
               F♯m                      D
            In my best friend and the boy next door,
            A         E                  D
            Fool for love and fool on fire.
                  A                              E
            You won't come in from the rain,
                   F♯m              D
            She's oceans running down the drain,
            A        E             D
            Blue as ice, and de - sire.

                        E                F♯m    D
Link 2      Don't you wanna make her,
                                     E        F♯m
            Ooh, don't you wanna take her home?

                   A  E/G♯               F♯m      D
Chorus 2    Ma - ria,      you've got to see her,
                 A           E           D
            Go insane and out of your mind.
                  A   E/G♯           F♯m    D
            Re - gina,      Ave Ma - ria.
               A            E             D
            A million and one candle lights.

            D                 E                 F♯m
Link 3      Ooh, don't you wanna break her,
            D                 E               F♯m
            Ooh, don't you wanna take her home?

                 A                     E     F♯m               D
Verse 3     She walks like she don't care, walking on im - ported air,
            A        E                   D
            Ooh, it makes you wanna die.
```

```
                   A   E/G♯                  F♯m      D
*Chorus 3*    Ma - ria,      you've got to see her,
                 A              E              D
              Go insane and out of your mind.
                    A     E/G♯            F♯m  D
              Re - gina,       Ave Ma - ria.
                A             E               D
              A million and one candle lights.
```

Instrumental

D	E	F♯m	F♯m
B	B	F♯m	F♯m
B	B	D	E

```
              A       E/G♯                F♯m    D
*Chorus 4*    Maria,       you've got to see her,
                 A              E              D
              Go insane and out of your mind.
                    A     E/G♯            F♯m  D
              Re - gina,       Ave Ma - ria.
                A             E               D
              A million and one candle lights.

              A       E/G♯                F♯m    D
*Chorus 5*    Maria,       you've got to see her,
                 A              E              D
              Go insane and out of your mind.
                    A     E/G♯            F♯m  D
              Re - gina,       Ave Ma - ria.
                A             E               D
              A million and one candle lights.    *To fade*
```

M.O.R.

Words & Music by Damon Albarn, Graham Coxon, Alex James,
David Rowntree, David Bowie & Brian Eno

D E (fr4) B♭ (fr6) G A

Intro |: D | D | D | D :|

Verse 1

```
D                           E
   It's automatic, I need to unload,
               B♭                         D
Under the pressure, in the middle of the road.
                           E
Fall into fashion, fall out again,
               B♭                   D
We stick together 'cause it never ends.
```

Chorus 1

```
G            A
Here comes a low,

I'm a boy and you're a girl.
G            A
Here comes a high,

The only ones in the world.
               G
Here comes everything,

You and me can work it out.
         A
Here it comes,

You, me, we'll work it out!
```

Link | D | D | D | D ||

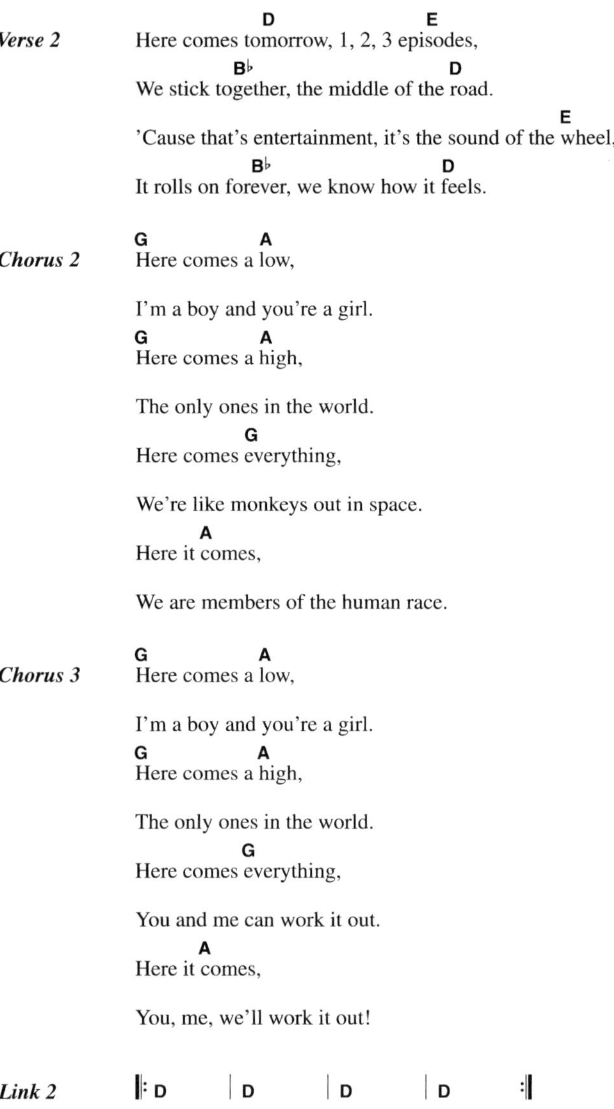

Verse 2

D E
Here comes tomorrow, 1, 2, 3 episodes,
B♭ D
We stick together, the middle of the road.
E
'Cause that's entertainment, it's the sound of the wheel,
B♭ D
It rolls on forever, we know how it feels.

Chorus 2

G A
Here comes a low,

I'm a boy and you're a girl.
G A
Here comes a high,

The only ones in the world.
G
Here comes everything,

We're like monkeys out in space.
A
Here it comes,

We are members of the human race.

Chorus 3

G A
Here comes a low,

I'm a boy and you're a girl.
G A
Here comes a high,

The only ones in the world.
G
Here comes everything,

You and me can work it out.
A
Here it comes,

You, me, we'll work it out!

Link 2

𝄆 D | D | D | D 𝄇

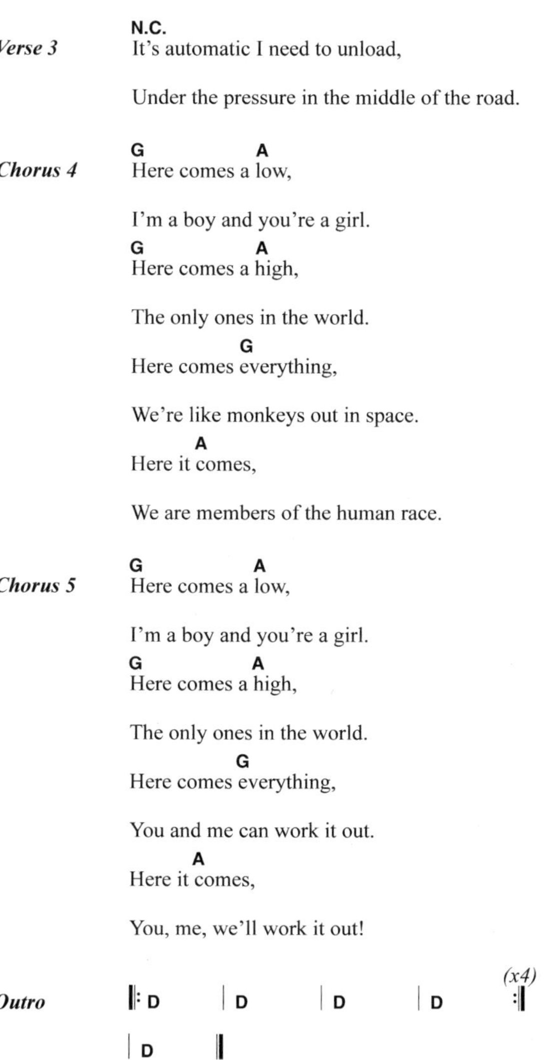

Verse 3

N.C.
It's automatic I need to unload,

Under the pressure in the middle of the road.

Chorus 4

G A
Here comes a low,

I'm a boy and you're a girl.
G A
Here comes a high,

The only ones in the world.
G
Here comes everything,

We're like monkeys out in space.
A
Here it comes,

We are members of the human race.

Chorus 5

G A
Here comes a low,

I'm a boy and you're a girl.
G A
Here comes a high,

The only ones in the world.
G
Here comes everything,

You and me can work it out.
A
Here it comes,

You, me, we'll work it out!

Outro

(x4)
𝄆 D | D | D | D 𝄇

| D ‖

My Favourite Game

Words by Nina Persson
Music by Peter Svensson

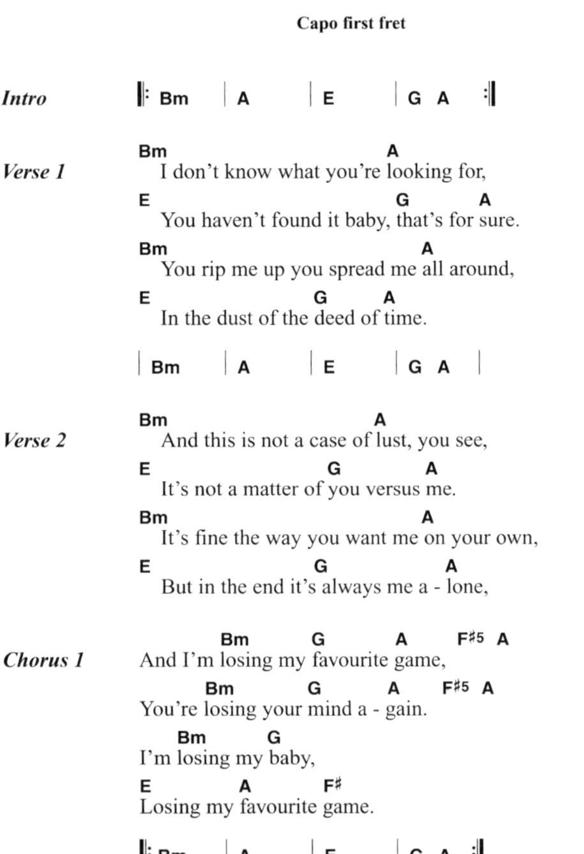

Capo first fret

```
Intro       |: Bm   | A    | E    | G  A  :|

            Bm                           A
Verse 1        I don't know what you're looking for,
            E                                  G         A
               You haven't found it baby, that's for sure.
            Bm                                    A
               You rip me up you spread me all around,
            E                        G         A
               In the dust of the deed of time.

            | Bm   | A    | E    | G  A  |

            Bm                            A
Verse 2        And this is not a case of lust, you see,
            E                          G            A
               It's not a matter of you versus me.
            Bm                                    A
               It's fine the way you want me on your own,
            E                        G               A
               But in the end it's always me a - lone,

                       Bm          G           A       F♯5  A
Chorus 1    And I'm losing my favourite game,
                     Bm         G          A       F♯5  A
            You're losing your mind a - gain.
                  Bm       G
            I'm losing my baby,
            E           A          F♯
            Losing my favourite game.

            |: Bm   | A    | E    | G  A  :|
```

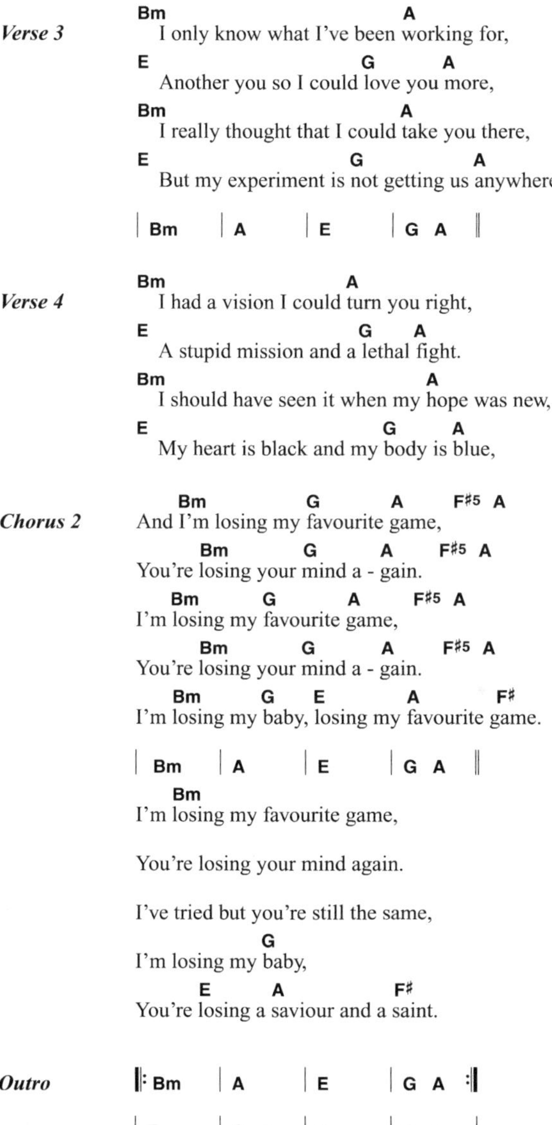

Verse 3

Bm A
I only know what I've been working for,
E G A
Another you so I could love you more,
Bm A
I really thought that I could take you there,
E G A
But my experiment is not getting us anywhere.

| Bm | A | E | G A ||

Verse 4

Bm A
I had a vision I could turn you right,
E G A
A stupid mission and a lethal fight.
Bm A
I should have seen it when my hope was new,
E G A
My heart is black and my body is blue,

Chorus 2

Bm G A F♯5 A
And I'm losing my favourite game,
Bm G A F♯5 A
You're losing your mind a - gain.
Bm G A F♯5 A
I'm losing my favourite game,
Bm G A F♯5 A
You're losing your mind a - gain.
Bm G E A F♯
I'm losing my baby, losing my favourite game.

| Bm | A | E | G A ||

Bm
I'm losing my favourite game,

You're losing your mind again.

I've tried but you're still the same,
G
I'm losing my baby,
E A F♯
You're losing a saviour and a saint.

Outro

||: Bm | A | E | G A :||

| E | G A | E | G A |

Nancy Boy

Words & Music by Brian Molko, Stefan Olsdal & Robert Schultzberg

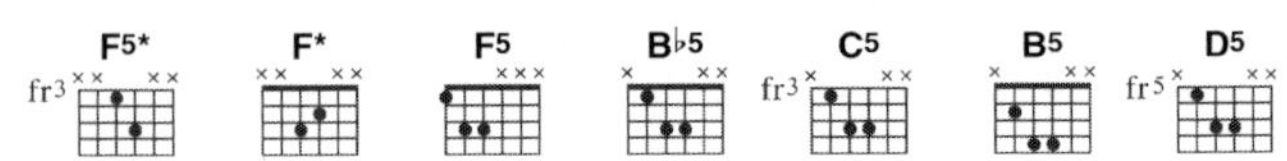

Intro | F5* F* | F5* F* | F5* F* | F5* F* |

| F5 | F5 | F5 | F5 ||

Verse 1

```
F5
   Alcoholic kind of mood,
                          B♭5
Lose my clothes, lose my lube,

Cruising for a piece of fun,
                         F5
Looking out for number one.

Different partner every night,
                  B♭5
So narcotic outta sight,

What a gas, what a beautiful ass.
```

Chorus 1

```
           F5
And it all breaks down at the role reversal,
            C5
Got the muse in my head she's universal,
B5                                        B♭5
Spinnin' me round she's coming over me.___
           F5
And it all breaks down at the first rehearsal,
            C5
Got the muse in my head she's universal,
B5                                        B♭5
Spinnin' me round she's coming over me.___
```

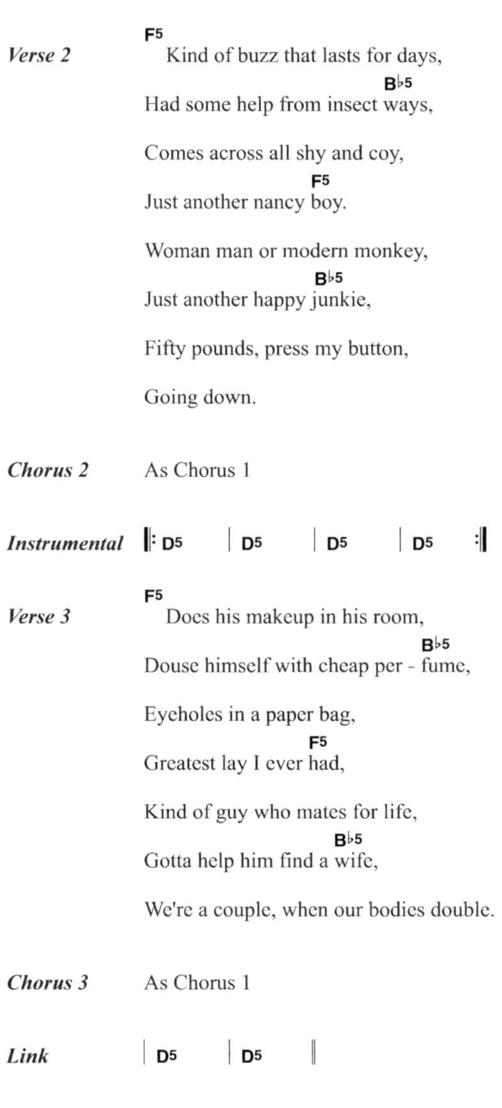

Verse 2

F5
Kind of buzz that lasts for days,
B♭5
Had some help from insect ways,

Comes across all shy and coy,
F5
Just another nancy boy.

Woman man or modern monkey,
B♭5
Just another happy junkie,

Fifty pounds, press my button,

Going down.

Chorus 2 As Chorus 1

Instrumental ‖: D5 | D5 | D5 | D5 :‖

Verse 3

F5
Does his makeup in his room,
B♭5
Douse himself with cheap per - fume,

Eyeholes in a paper bag,
F5
Greatest lay I ever had,

Kind of guy who mates for life,
B♭5
Gotta help him find a wife,

We're a couple, when our bodies double.

Chorus 3 As Chorus 1

Link | D5 | D5 ‖

Chorus 4 As Chorus 1 | F5 ‖

Northern Lites

Words & Music by Huw Bunford, Cian Ciaran, Dafydd Ieuan, Guto Pryce & Gruffydd Rhys

Em7 A A13 D G F♯m7 Fm7

Capo 2nd fret

Intro ‖: Em7 | Em7 | A | A :‖

Verse 1

```
                Em7
Born in a manger,
                  A
You're getting stranger everyday.
            Em7
Uncertain chancer,
                 A
You're sending everything astray.
              Em7
You're certain danger,
         A                         Em7
You're a monsoon and a fire rolled in one.
A13
Got me on the run.
```

Chorus 1

```
                  D          G
There's a distant light, (distant light)
       F♯m7
A forest fire burning,
 G             D          G
Everything in sight. (Easy fight)
              F♯m7             G
We pick it up in space with survey satellite,
Em7
(Survey satellite looking at you)
               A                             Em7
You're turning every modern theory on its head.

(Survey satellite looking at you)
A13
Leaving me for dead.
```

Verse 2

```
               Em7
You're so demanding,
                 A
You've got me fumbling for escape.
             Em7
I'm understanding,
             A
But I'm afraid it's all too late.
             Em7
To find a meaning,
                  A                             Em7
You're blowing everything away from coast to coast.
A13
Got me much too close.
```

Chorus 2 As Chorus 1

Play-out

```
  Em7
‖: Don't worry me, or hurry me,
                F♯m7                  Fm7
Blow me far a-way to the Northern Lites.
Em7
  Don't worry me, or hurry me,
                F♯m7                  Fm7
Blow me far a-way to the Northern Lites.
Em7
  Don't worry me, or hurry me,
                F♯m7                  Fm7
Blow me far a-way to the Northern Lites.
Em7
  Don't worry me, or hurry me,
                F♯m7                  Fm7
Blow me far a-way to the Northern Lites.
Em7  N.C.          Em7  N.C.
  Don't worry me,   or hurry me,
                F♯m7                  Fm7
Blow me far a-way to the Northern Lites.
Em7
  Abandon me, abandon me,
                F♯m7                  Fm7
Blow me far a-way to the Northern Lites.
Em7
  Abandon me, abandon me,
                F♯m7                Fm7
Blow me far a-way to the Northern Lites.   :‖ Repeat ad lib. & fade
```

Novocaine For The Soul

Words & Music by Mark Everett & Mark Goldenberg

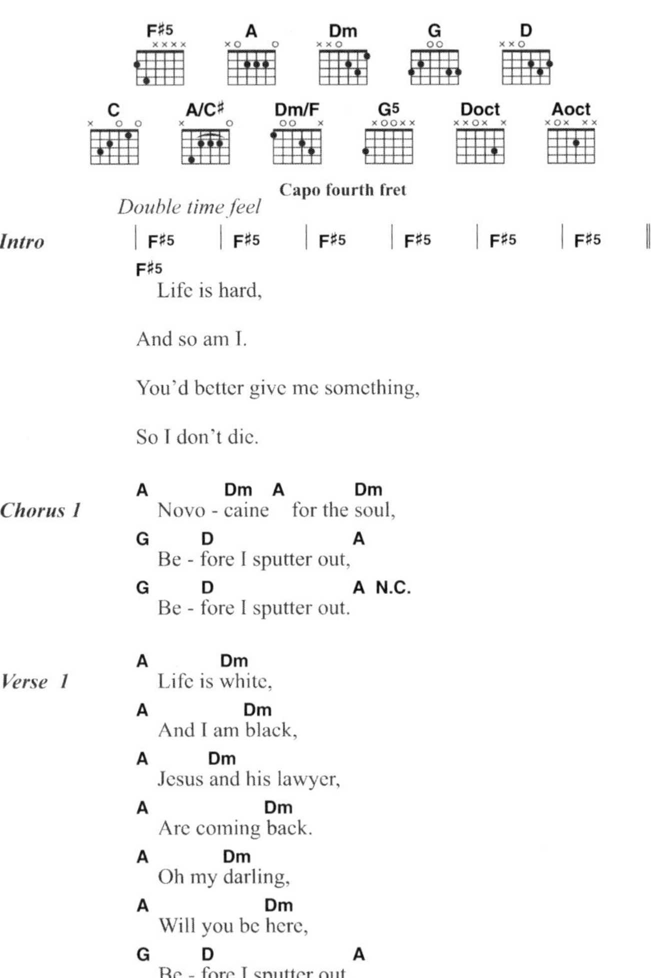

Capo fourth fret

Double time feel

Intro | F♯5 | F♯5 | F♯5 | F♯5 | F♯5 | F♯5 ||

F♯5
Life is hard,

And so am I.

You'd better give me something,

So I don't die.

Chorus 1

A   Dm   A   Dm
Novo - caine   for the soul,
G   D   A
Be - fore I sputter out,
G   D   A N.C.
Be - fore I sputter out.

Verse 1

A   Dm
Life is white,
A   Dm
And I am black,
A   Dm
Jesus and his lawyer,
A   Dm
Are coming back.
A   Dm
Oh my darling,
A   Dm
Will you be here,
G   D   A
Be - fore I sputter out,

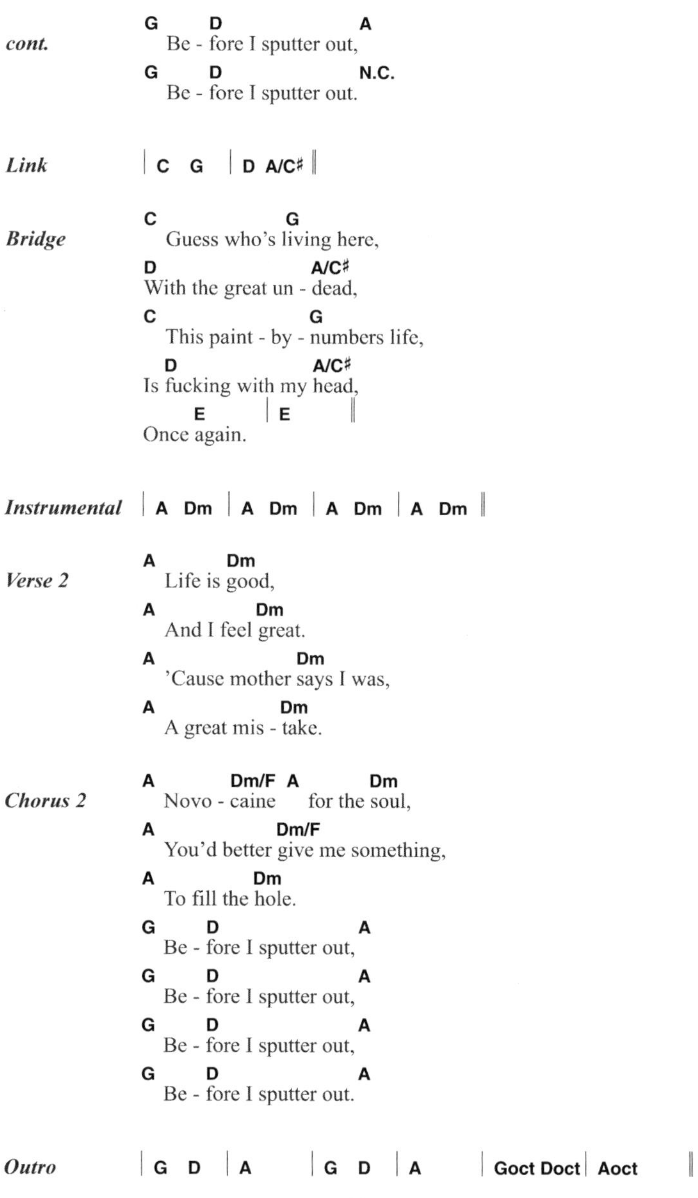
cont.
G D A
Be - fore I sputter out,
G D N.C.
Be - fore I sputter out.
Link
C G D A/C♯
Bridge
C G
Guess who's living here,
D A/C♯
With the great un - dead,
C G
This paint - by - numbers life,
D A/C♯
Is fucking with my head,
E E
Once again.
Instrumental
A Dm A Dm A Dm A Dm
Verse 2
A Dm
Life is good,
A Dm
And I feel great.
A Dm
'Cause mother says I was,
A Dm
A great mis - take.
Chorus 2
A Dm/F A Dm
Novo - caine for the soul,
A Dm/F
You'd better give me something,
A Dm
To fill the hole.
G D A
Be - fore I sputter out,
G D A
Be - fore I sputter out,
G D A
Be - fore I sputter out,
G D A
Be - fore I sputter out.
Outro
G D A G D A Goct Doct Aoct

The More You Ignore Me, The Closer I Get

Words & Music by Morrissey & Boz Boorer

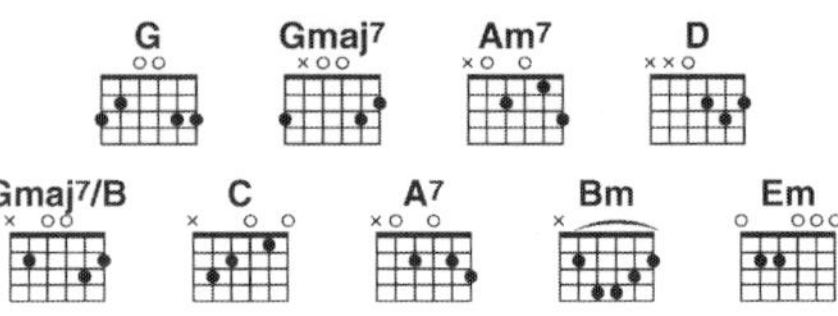

Tune guitar down a semitone

Intro | G Gmaj7 | Am7 D | G Gmaj7 | Am7 D ||

Chorus 1

```
G        Gmaj7/B          C
   The more you ig - nore me
    D          G
The closer I get
         Gmaj7/B           C   D
You're wasting your time
G        Gmaj7/B          C
   The more you ig - nore me
    D          G
The closer I get
         Bm                C   D
You're wasting your time
```

Verse 1

```
     A7
I will be
      D
In the bar
          A7
With my head
          D
On the bar
    A7
I am now
           Bm
A central part
          Em
Of your mind's landscape
```

cont.

A7
Whether you care
D
Or do not
D7
Yeah, I've made up your mind

Chorus 2

G Gmaj7/B C
The more you ig - nore me
D
The closer I get
G Gmaj7/B C D
You're wasting your time
G Gmaj7/B C D
The more you ig - nore me
G
The closer I get
Gmaj7/B C D
You're wasting your time

Verse 2

A7
Be - ware!
D
I bear more grudges
A7 D
Than lonely high court jud - ges
A7
When you sleep

I will creep
Bm
Into your thoughts
Em
Like a bad debt

That you can't pay
A7
Take the easy way
D
And give in

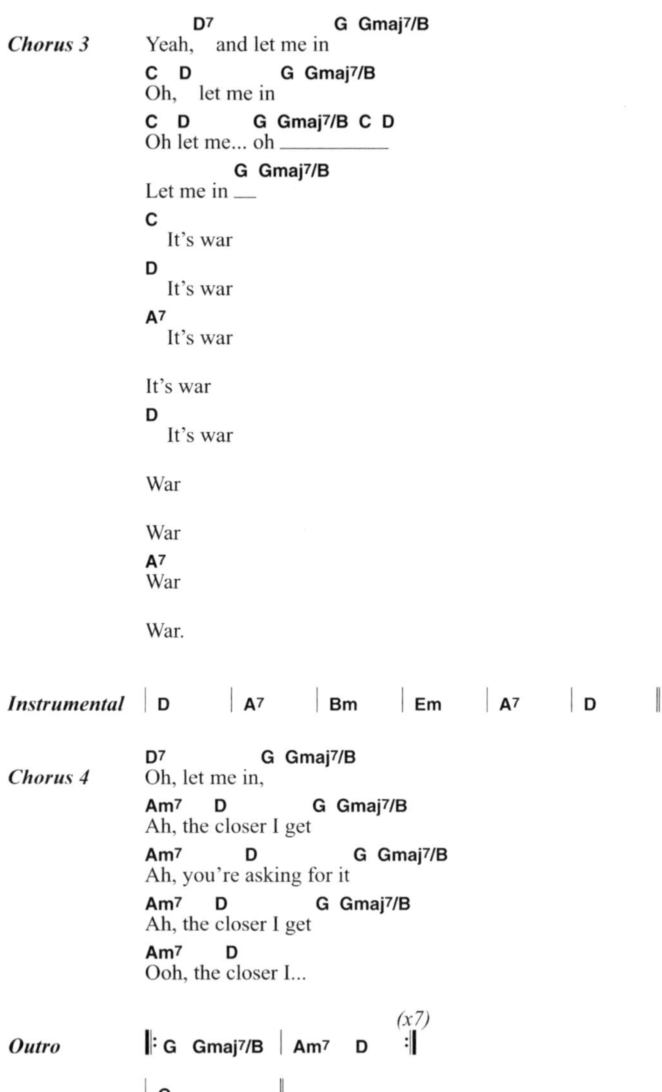

Chorus 3

D7 G Gmaj7/B
Yeah, and let me in

C D G Gmaj7/B
Oh, let me in

C D G Gmaj7/B C D
Oh let me... oh ________

G Gmaj7/B
Let me in __

C
It's war

D
It's war

A7
It's war

It's war

D
It's war

War

War

A7
War

War.

Instrumental

| D | A7 | Bm | Em | A7 | D ||

Chorus 4

D7 G Gmaj7/B
Oh, let me in,

Am7 D G Gmaj7/B
Ah, the closer I get

Am7 D G Gmaj7/B
Ah, you're asking for it

Am7 D G Gmaj7/B
Ah, the closer I get

Am7 D
Ooh, the closer I...

Outro

|: G Gmaj7/B | Am7 D :| *(x7)*

| G ||

The Obvious Child

Words & Music by Paul Simon

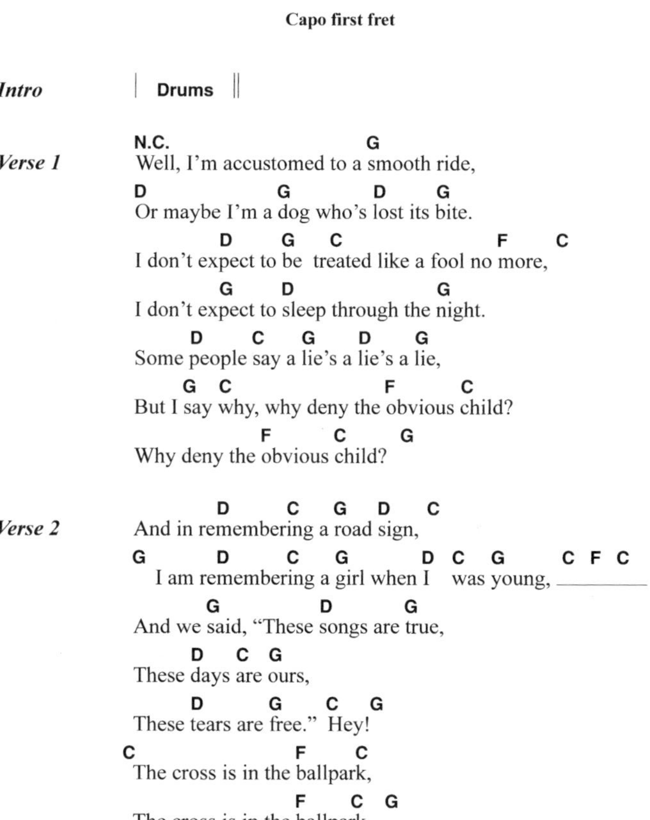

Capo first fret

Intro | **Drums** ||

Verse 1

N.C. G
Well, I'm accustomed to a smooth ride,
D G D G
Or maybe I'm a dog who's lost its bite.
D G C F C
I don't expect to be treated like a fool no more,
G D G
I don't expect to sleep through the night.
D C G D G
Some people say a lie's a lie's a lie,
G C F C
But I say why, why deny the obvious child?
F C G
Why deny the obvious child?

Verse 2

D C G D C
And in remembering a road sign,
G D C G D C G C F C
I am remembering a girl when I was young, ______
G D G
And we said, "These songs are true,
D C G
These days are ours,
D G C G
These tears are free." Hey!
C F C
The cross is in the ballpark,
F C G
The cross is in the ballpark.

Verse 3

    G   D C
We had a lot of fun, we had a lot of money,
    G   D C
We had a little son and we thought we'd call him Sonny.
C   D   G
Sonny gets married and moves away,
C   D   G
Sonny has a baby and bills to pay;
C   D   G   C   D
Sonny gets sunnier day by day, by day by day.
G   N.C.
   Doh, doh, doh, doh.
G   N.C.
Doh, doh, doh, doh.

Verse 4

                  D   C   G
Well, I've been waking up at sunrise,
             D   C   G   D   G
I've been following the light across my room,
  D   G C   F   C G   D
I watch the night receive the room of my day.
G   D   C   G   D   G
   Some people say the sky is just the sky
   D G C   F   C
But I   say   why deny the obvious child?
                F   C   G
Why deny the obvious child?
C   G   C   G C G C G
Mm, ___   mm. ___

Verse 5

C   G   C   G   D   C
Sonny sits by   his window and thinks to himself,
          G   C   G   D   C
How it's strange that some rooms are like cages.
          G   C G   D   C
Sonny's yearbook from high school is down from he shelf,
D   G   C   G   D   C
And he id - ly ___   thumbs through the pages:
        G/B Am   G   C
Some have died, some have fled from themselves,
G   C   G/B Am   G   C   D
Or   struggled from here to get there.
C   G   C   G   D   C
Sonny wanders be - yond his in - terior walls,
          G   C   G D   C
Runs his hand through his thinning brown hair.

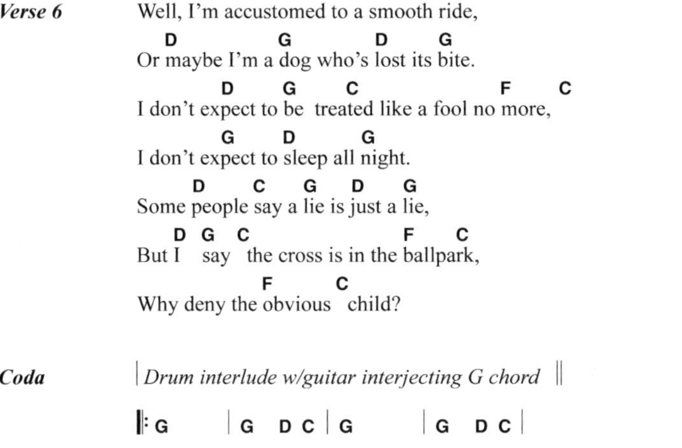

Verse 6

```
                          G
Well, I'm accustomed to a smooth ride,
    D             G           D       G
Or maybe I'm a dog who's lost its bite.
          D       G       C                   F      C
I don't expect to be  treated like a fool no more,
          G       D        G
I don't expect to sleep all night.
       D      C      G     D     G
Some people say a lie is just a lie,
     D  G   C                  F      C
But I    say   the cross is in the ballpark,
                 F        C
Why deny the obvious   child?
```

Coda

| *Drum interlude w/guitar interjecting G chord* ||

```
|: G      | G   D C | G       | G   D C |
|  C      | C       | D       | D   C  :|   Repeat to fade
```

Peacock Suit

Words & Music by Paul Weller

G7sus4 D7 C7 D Dsus4 F

Intro | G7sus4 | G7sus4 | G7sus4 | G7sus4 ||

Verse 1

G7sus4
I've got a grapefruit matter,

It's as sour as shit,

I have no solutions,

Better get used to it.

Chorus 1

D7 C7
I don't need a ship to sail in stormy weather,
D7 C7 G7sus4
I don't need you to ruffle the feathers of my Peacock Suit,

My, my Peacock Suit.

Verse 2

G7sus4
I'm Narcissus in a puddle,

In shop windows I gloat,

Like a ball of fleece lining,

In my camel skin coat.

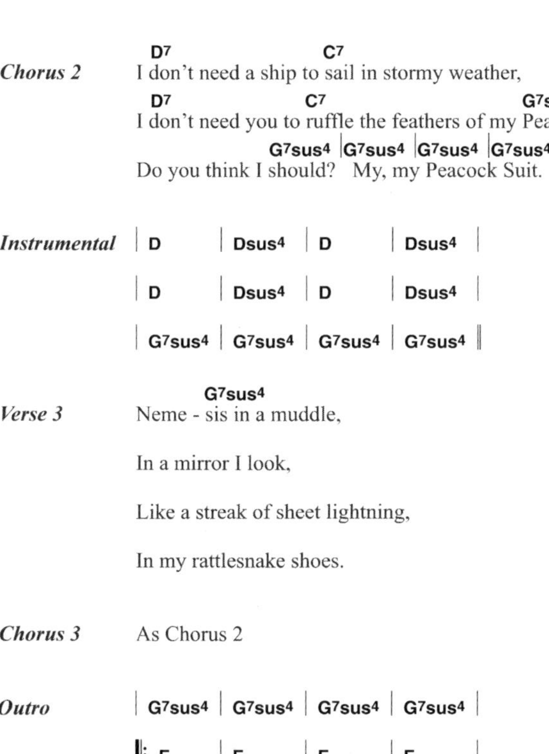

```
             D7                    C7
Chorus 2     I don't need a ship to sail in stormy weather,
             D7                  C7                         G7sus4
             I don't need you to ruffle the feathers of my Peacock Suit.
                              G7sus4 |G7sus4 |G7sus4 |G7sus4
             Do you think I should?   My, my Peacock Suit.

Instrumental | D      | Dsus4  | D      | Dsus4  |

             | D      | Dsus4  | D      | Dsus4  |

             | G7sus4 | G7sus4 | G7sus4 | G7sus4 ||

                   G7sus4
Verse 3      Neme - sis in a muddle,

             In a mirror I look,

             Like a streak of sheet lightning,

             In my rattlesnake shoes.

Chorus 3     As Chorus 2

Outro        | G7sus4 | G7sus4 | G7sus4 | G7sus4 |

             |: F     | F      | F      | F      |

             | F      | F      | F      | F     :|
```

Repeat ad lib. to fade

Queer

Words & Music by Shirley Manson, Steve Marker, Butch Vig & Duke Erikson

Em C Bm Am D Gm E♭ Dm

Capo third fret

Intro ‖: Em | C | Em | Bm :‖

```
           N.C.
Verse 1    Hey boy take a look at me,

           Let me dirty up your mind.

           I'll strip away your heart from here,

           And see what I can find.

                                   Em
Chorus 1   The queerest of the queer,
                                   C
           The strangest of the strange,
                                 Am
           The coldest to the cool,
                                D
           The lamest of the lame,
                                 C
           The numbest of the dumb,
                             Am
           I hate to see you here,
                                   C
           You choke behind a smile,
                                D
           A fake behind the fear.
                                   Em  | C      | Em     | Bm     |
           The queerest of the queer.

           | Em     | C      | Em     | Bm     ‖
```

Verse 2

```
Em
This is what he pays me for,
C                         Em   Bm
   I'll show you how it's done.
     Em
You learn to love the pain you feel,
C                  Em   Bm
   Like father, like son.
```

Chorus 2

```
                         Em
The queerest of the queer,
                    C
Hide inside your head,
                        Am
The blindest of the blind,
                       D
The deadest of the dead.
                              C
You're hungry 'cause you starve,
                             Am
While holding back the tears,
                    C
Choking on your smile,
                     (D)
A fake behind the fear.
                        Gm | E♭     | Gm     | Dm     |
The queerest of the queer.

| Gm     | E♭     | Gm     | Dm     ||
```

Middle

```
Gm                 E♭
   I know what's good for you,

(You can touch me if you want)
Gm                 Dm
   I know you're dying to,

(You can touch me if you want)
Gm                 E♭
   I know what's good for you,

(You can touch me if you want)
Gm                 Dm     N.C
   But you can't stop.
```

```
                            Em
Chorus 4      The queerest of the queer,
                            C
              The strangest of the strange,
                           Am
              The coldest of the cool,
                          D
              The lamest of the lame.
                            Em
              The numbest of the dumb,
                        C
              I hate to see you here,
                                Am
              You choke behind a smile,
                           Bm
              A fake behind the fear.
                            Em
              The queerest of the queer,
              C                   Am
                The strangest of the strange,
              D                C
                The coldest of the cool.
              Am                     C
                You're nothing special here,
                           N.C.
              A fake behind the fear.
                            Em  | C       | Em      | Bm      |
              The queerest of the queer.


Outro         ||: Em   | C      | Em     | Bm    :||  Repeat to fade (w/vocal ad lib.)
```

Rocks

Words & Music by Bobby Gillespie, Robert Young & Andrew Innes

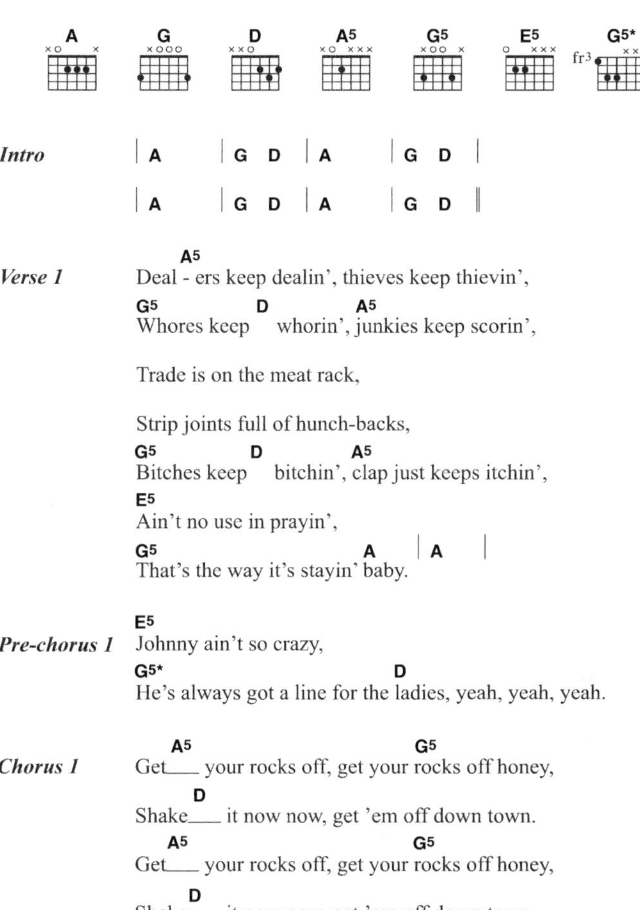

Intro | A | G D | A | G D |

| A | G D | A | G D ||

Verse 1

```
          A5
Deal - ers keep dealin', thieves keep thievin',
G5             D        A5
Whores keep    whorin', junkies keep scorin',

Trade is on the meat rack,

Strip joints full of hunch-backs,
G5             D        A5
Bitches keep    bitchin', clap just keeps itchin',
E5
Ain't no use in prayin',
G5                           A    | A   |
That's the way it's stayin' baby.
```

Pre-chorus 1

```
E5
Johnny ain't so crazy,
G5*                                D
He's always got a line for the ladies, yeah, yeah, yeah.
```

Chorus 1

```
      A5                        G5
Get___ your rocks off, get your rocks off honey,
         D
Shake___ it now now, get 'em off down town.
      A5                        G5
Get___ your rocks off, get your rocks off honey,
         D
Shake___ it now now, get 'em off down town.
```

Link 1 𝄆 A | G D | A | G D 𝄇

Verse 2

```
         A5
Creeps___ keep crawlin',

Drunks keep fallin',
G5               D
Teasers keep     teasin',
A5
Holy Joes are preachin',

Cops keep bustin',

Hustlers keep hustlin',
G5              D
Death keeps a-knockin',
A5
Souls are up for auction.
E5
Ain't no use in prayin',
G5                            A
That's the way it's stayin' baby.
```

Pre-chorus 2

```
E5
Johnny ain't so crazy,
G5*                                 D
He's always got a line for the ladies,

Yeah, yeah, yeah.
```

Chorus 2

```
     A5                              G5
Get___ your rocks off, get your rocks off honey,
       D
Shake___ it now now,

Get 'em off down town.
     A5                              G5
Get___ your rocks off, get your rocks off honey,
       D
Shake___ it now now,

Get 'em off down town.
```

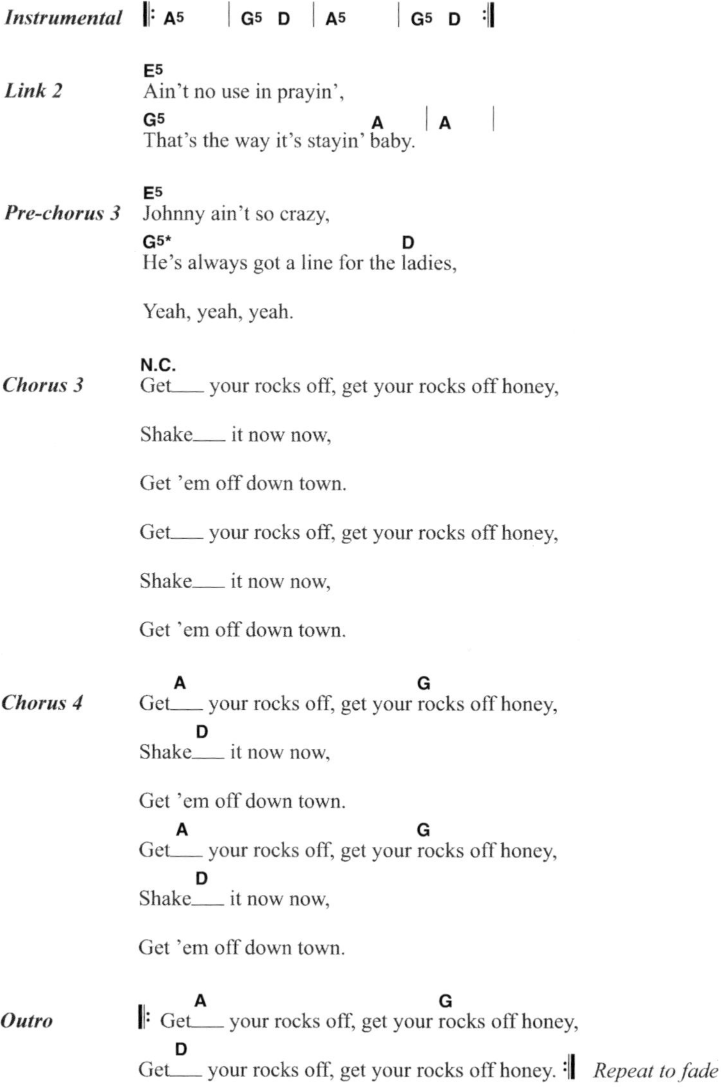

Instrumental ‖: A5 | G5 D | A5 | G5 D :‖

Link 2

E5
Ain't no use in prayin',
G5 A | A |
That's the way it's stayin' baby.

Pre-chorus 3

E5
Johnny ain't so crazy,
G5* D
He's always got a line for the ladies,

Yeah, yeah, yeah.

Chorus 3

N.C.
Get__ your rocks off, get your rocks off honey,

Shake__ it now now,

Get 'em off down town.

Get__ your rocks off, get your rocks off honey,

Shake__ it now now,

Get 'em off down town.

Chorus 4

A G
Get__ your rocks off, get your rocks off honey,
D
Shake__ it now now,

Get 'em off down town.
A G
Get__ your rocks off, get your rocks off honey,
D
Shake__ it now now,

Get 'em off down town.

Outro

A G
‖: Get__ your rocks off, get your rocks off honey,
D
Get__ your rocks off, get your rocks off honey. :‖ *Repeat to fade*

Road Rage

Words & Music by Cerys Matthews, Mark Roberts,
Aled Richards, Paul Jones & Owen Powell

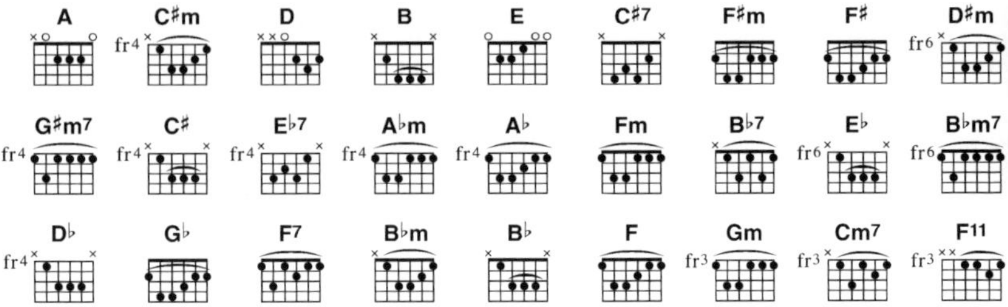

A C♯m D B E C♯7 F♯m F♯ D♯m
G♯m7 C♯ E♭7 A♭m A♭ Fm B♭7 E♭ B♭m7
D♭ G♭ F7 B♭m B♭ F Gm Cm7 F11

Verse 1

A C♯m
If all you've got to do today is find peace of mind,
D B E
Come 'round, you can take a piece of mine.
A C♯m
And if all you've got to do today is hesitate,
D B E
Come here, you can leave it late with me.

Bridge

C♯7 F♯m
You could be taking it ea - sy on yourself,
C♯7 F♯m C♯7
You should be making it ea - sy on yourself,

Chorus 1

F♯ C♯7
'Cause you and I know it's all over the front page,
D♯m G♯m7
You give me road rage, racing through the best days.
F♯ C♯7
It's up to you boy, you're driving me crazy,
D♯m G♯m7
Thinking you may be losing your mind.

Verse 2

B D♯m
If all you've got to prove today is your innocence,
E C♯ F♯
Calm down, you're as guilty as can be.
B D♯m
But as all you've got to lose alludes to yesterday,
E C♯ F♯
Yesterday's through now do anything you please.

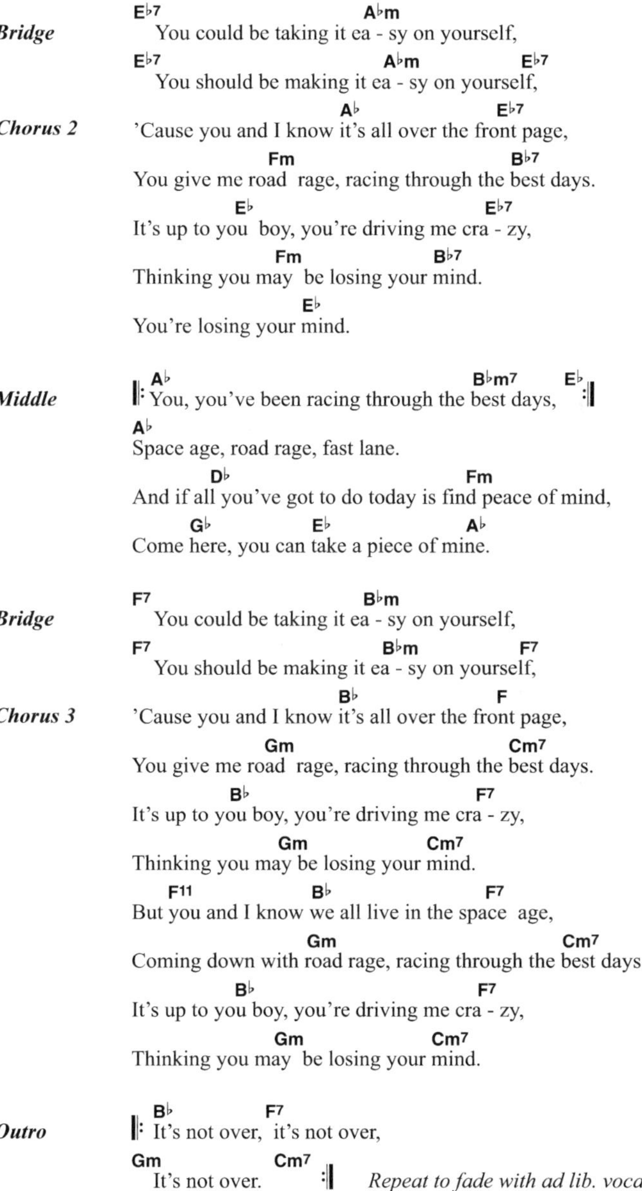

Bridge

E♭7 A♭m
You could be taking it ea - sy on yourself,
E♭7 A♭m E♭7
You should be making it ea - sy on yourself,

Chorus 2

A♭ E♭7
'Cause you and I know it's all over the front page,
Fm B♭7
You give me road rage, racing through the best days.
E♭ E♭7
It's up to you boy, you're driving me cra - zy,
Fm B♭7
Thinking you may be losing your mind.
E♭
You're losing your mind.

Middle

A♭ B♭m7 E♭
𝄆 You, you've been racing through the best days, 𝄇
A♭
Space age, road rage, fast lane.
D♭ Fm
And if all you've got to do today is find peace of mind,
G♭ E♭ A♭
Come here, you can take a piece of mine.

Bridge

F7 B♭m
You could be taking it ea - sy on yourself,
F7 B♭m F7
You should be making it ea - sy on yourself,

Chorus 3

B♭ F
'Cause you and I know it's all over the front page,
Gm Cm7
You give me road rage, racing through the best days.
B♭ F7
It's up to you boy, you're driving me cra - zy,
Gm Cm7
Thinking you may be losing your mind.
F11 B♭ F7
But you and I know we all live in the space age,
Gm Cm7
Coming down with road rage, racing through the best days.
B♭ F7
It's up to you boy, you're driving me cra - zy,
Gm Cm7
Thinking you may be losing your mind.

Outro

B♭ F7
𝄆 It's not over, it's not over,
Gm Cm7
It's not over. 𝄇 *Repeat to fade with ad lib. vocal*

She's A Star

Words & Music by Tim Booth, Larry Gott & Jim Glennie

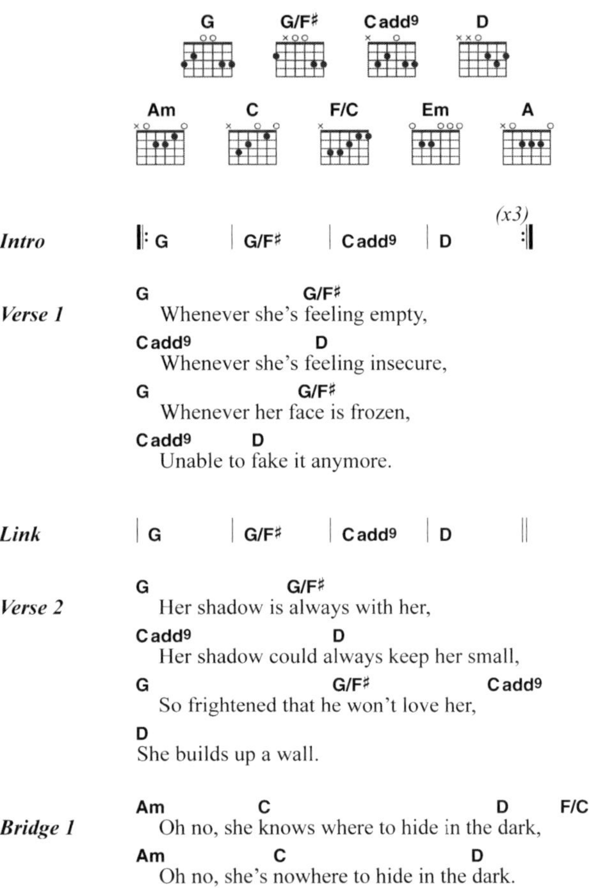

Intro ‖: G | G/F♯ | Cadd9 | D :‖ *(x3)*

Verse 1

G G/F♯
Whenever she's feeling empty,
Cadd9 D
Whenever she's feeling insecure,
G G/F♯
Whenever her face is frozen,
Cadd9 D
Unable to fake it anymore.

Link | G | G/F♯ | Cadd9 | D ‖

Verse 2

G G/F♯
Her shadow is always with her,
Cadd9 D
Her shadow could always keep her small,
G G/F♯ Cadd9
So frightened that he won't love her,
D
She builds up a wall.

Bridge 1

Am C D F/C
Oh no, she knows where to hide in the dark,
Am C D
Oh no, she's nowhere to hide in the dark.

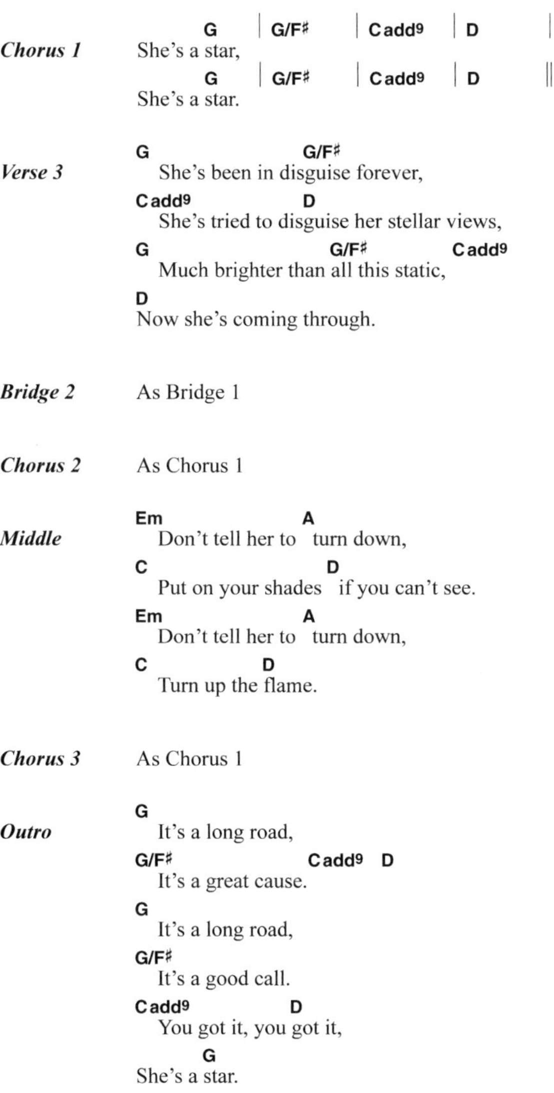

```
                   G       | G/F#      | Cadd9     | D         |
Chorus 1      She's a star,
                   G       | G/F#      | Cadd9     | D         ||
              She's a star.

              G                   G/F#
Verse 3          She's been in disguise forever,
              Cadd9               D
                 She's tried to disguise her stellar views,
              G                      G/F#         Cadd9
                 Much brighter than all this static,
              D
              Now she's coming through.


Bridge 2      As Bridge 1


Chorus 2      As Chorus 1

              Em                  A
Middle           Don't tell her to  turn down,
              C                      D
                 Put on your shades  if you can't see.
              Em                  A
                 Don't tell her to  turn down,
              C               D
                 Turn up the flame.


Chorus 3      As Chorus 1

              G
Outro            It's a long road,
              G/F#                 Cadd9  D
                 It's a great cause.
              G
                 It's a long road,
              G/F#
                 It's a good call.
              Cadd9              D
                 You got it, you got it,
                   G
              She's a star.
```

Seven Days

Words & Music by Sting

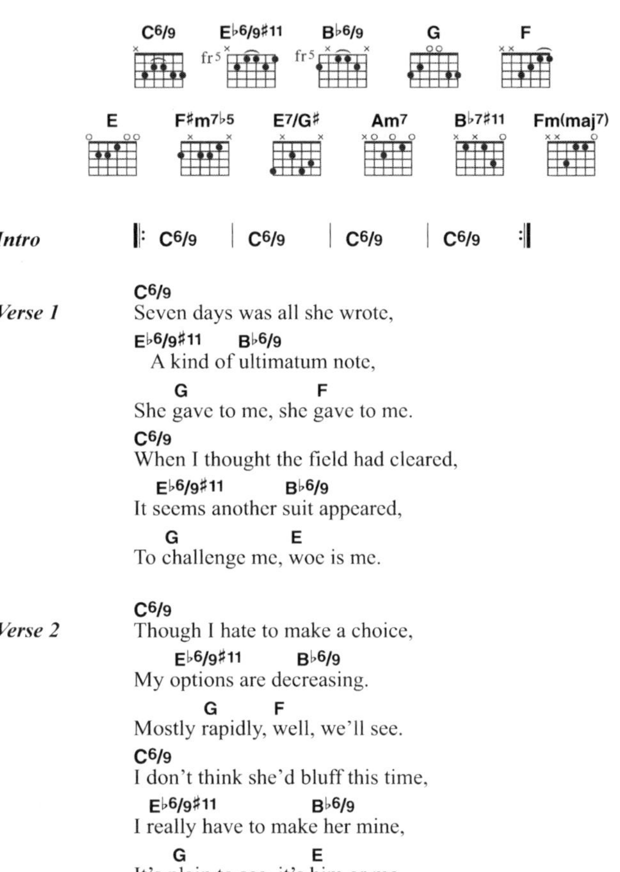

Intro ‖: C6/9 | C6/9 | C6/9 | C6/9 :‖

Verse 1

C6/9
Seven days was all she wrote,
E♭6/9♯11 B♭6/9
A kind of ultimatum note,
G F
She gave to me, she gave to me.
C6/9
When I thought the field had cleared,
E♭6/9♯11 B♭6/9
It seems another suit appeared,
G E
To challenge me, woe is me.

Verse 2

C6/9
Though I hate to make a choice,
E♭6/9♯11 B♭6/9
My options are decreasing.
G F
Mostly rapidly, well, we'll see.
C6/9
I don't think she'd bluff this time,
E♭6/9♯11 B♭6/9
I really have to make her mine,
G E
It's plain to see, it's him or me.

Chorus 1

```
F              F♯m7♭5           G
Monday, I could wait till Tuesday,
   E7/G♯           Am7
If I make up my mind.
F                         G
Wednesday would be fine,
E7/G♯            Am7
Thursday's on my mind,
B♭7♯11              Am7
Friday'd give me time,
B♭7♯11            Am7
Saturday could wait,
    Fm(maj7)          C6/9
But Sunday'd be to late.
```

Verse 3

```
C6/9
The fact he's over six feet ten,
           E♭6/9♯11       B♭6/9
Might instill fear in other men,
    G              F
But not in me, the mighty flea.
C6/9
Ask if I am mouse or man,
       E♭6/9♯11              B♭6/9
The mirror squeaked, away I ran.
       G              E
He'll murder me, in time for his tea.
```

Verse 4

```
C6/9
Does it bother me at all,
     E♭6/9♯11  B♭6/9
My rival is neanderthal,
    G                 F
It makes me think, perhaps I need a drink.
C6/9
I.Q. is no problem here,
    E♭6/9♯11            B♭6/9
We won't be playing Scrabble,
          G       E
For her hand I fear, I need that beer.
```

Chorus 2 As Chorus 1

Bridge

B♭6/9♯11 C6/9
Seven days will quickly go,
B♭6/9♯11 C6/9
The fact remains I love her so.
B♭6/9♯11 F
Seven days, so many ways,
B♭6/9♯11 C6/9
But I can't run away,
B♭6/9♯11 C6/9
I can't run away.

Chorus 3

F F♯m7♭5 G
Monday, I could wait till Tuesday,
E7/G♯ Am7
If I make up my mind.
F G
Wednesday would be fine,
E7/G♯ Am7
Thursday's on my mind.
B♭7♯11 Am7
Friday'd give me time,
B♭7♯11 Am7
Saturday could wait,
B♭9♯11 | C6/9 | C6/9 | B♭7♯11 | B♭7♯11 |
Sunday'd be too late,
| C6/9 | C6/9 | B♭7♯11
Sunday'd be too late.

Outro

C6/9
Do I have to tell a story,
B♭7♯11
Of a thousand rainy days since we first met.

| C6/9 | C6/9 | B♭7♯11 | B♭7♯11 |
C6/9
It's a big enough umbrella,
B♭7♯11
But it's always me that ends up getting,
| C6/9 | C6/9 | B♭7♯11 | B♭7♯11 | C6/9 ‖
Wet, yeah, yeah, ___ oh!

The Size Of A Cow

Words & Music by Miles Hunt, Malcolm Treece, Robert Jones,
Paul Clifford, Martin Bell & Martin Gilks

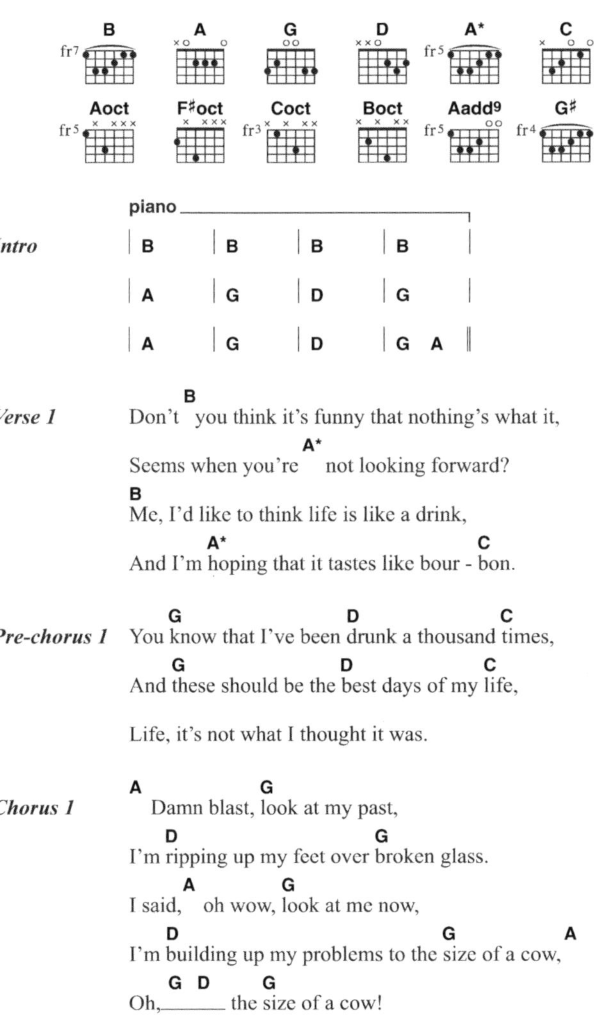

piano

Intro
B	B	B	B
A	G	D	G
A	G	D	G A	

Verse 1
B
Don't you think it's funny that nothing's what it,
A*
Seems when you're not looking forward?
B
Me, I'd like to think life is like a drink,
A* C
And I'm hoping that it tastes like bour - bon.

Pre-chorus 1
G D C
You know that I've been drunk a thousand times,
G D C
And these should be the best days of my life,

Life, it's not what I thought it was.

Chorus 1
A G
Damn blast, look at my past,
D G
I'm ripping up my feet over broken glass.
A G
I said, oh wow, look at me now,
D G A
I'm building up my problems to the size of a cow,
G D G
Oh,______ the size of a cow!

Link | B | B | Aadd9 | Aadd9 ||

Verse 2

B
You know it would be strange to life life in a cage,
A*
And only believe the things you see,

That are written on the page,
B
How easy would it be home in time for tea,
A* Aoct Foct Coct Boct
And stop feeling like a sailboat rocking on the sea.

Pre-chorus 2

G D C
You know that it's been sunk a thousand times,
G D C
And these should be the best days of my life,

Life, it's not what I thought it was!

Chorus 2

A G
Damn blast, look at my past,
D G
I'm ripping up my feet over broken glass.
A G
I said, oh wow, look at me now,
D G A
I'm building up my problems to the size of a cow,
G D G A
Oh,______ the size of a cow,
G D G A
Oh,______ the size of a cow!

Instrumental | B | B | Aadd9 | Aadd9 |

| B | B | Aadd9 | Aadd9 ||

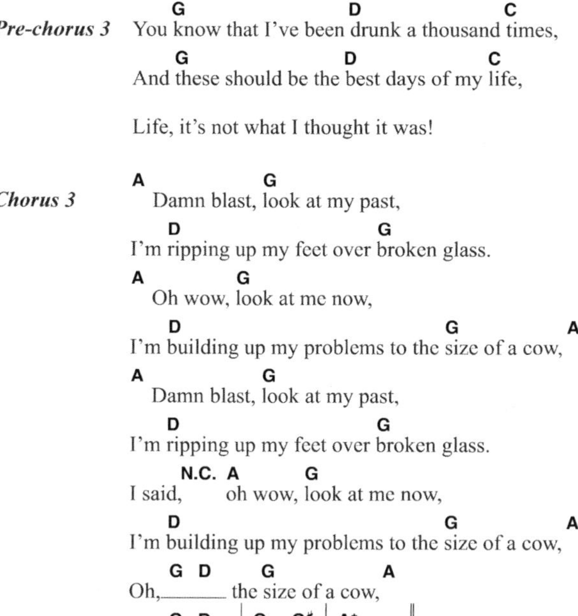

```
                 G                  D                C
Pre-chorus 3   You know that I've been drunk a thousand times,
                 G                  D               C
               And these should be the best days of my life,

               Life, it's not what I thought it was!

               A               G
Chorus 3          Damn blast, look at my past,
                  D                        G
               I'm ripping up my feet over broken glass.
               A         G
                  Oh wow, look at me now,
                  D                                  G          A
               I'm building up my problems to the size of a cow,
               A               G
                  Damn blast, look at my past,
                  D                        G
               I'm ripping up my feet over broken glass.
                     N.C. A       G
               I said,      oh wow, look at me now,
                  D                                  G          A
               I'm building up my problems to the size of a cow,
                  G  D     G            A
               Oh,______ the size of a cow,
                  G  D  | G   G♯ | A*      ||
               Oh!______
```

Sleeping Satellite

Words & Music by Tasmin Archer, John Beck & John Hughes

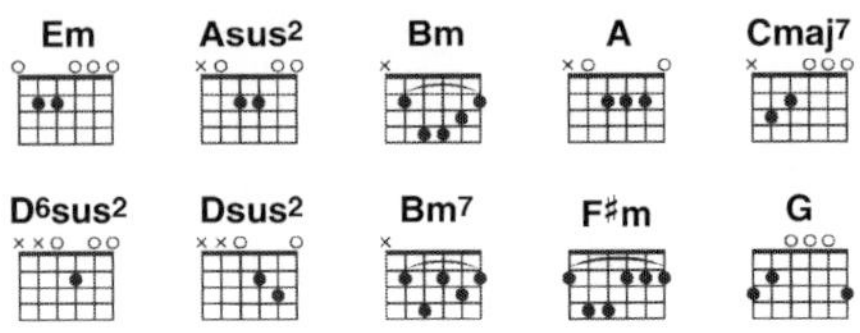

Capo first fret

Chorus 1

Em   Asus2
   I blame you for the moonlit sky,
          Bm
And the dream that died,

With the eagle's flight.

Em   A
   I blame you for the moonlit nights,
          Bm
When I wonder why,

Are the seas still dry?

Cmaj7   D6sus2
   Don't blame this sleeping satellite.

Verse 1

          Em
Did we fly to the moon too soon?
          Dsus2
Did we squander the chance?
                    Cmaj7
In the rush of the race,
                                        Dsus2
The reason we chase is lost in romance.

Em   Dsus2
   And still we try,
   Cmaj7
To justify the waste,
                         Bm7
For a taste of man's greatest adventure.

Chorus 2

Em A
I blame you for the moonlit sky,
Bm
And the dream that died,

With the eagle's flight.
Em A
I blame you for the moonlit nights,
Bm
When I wonder why,

Are the seas still dry?
Cmaj7 Dsus2
Don't blame this sleeping satellite.

Verse 2

Em
Have we lost what it takes to advance?
Dsus2
Have we peaked too soon?
Cmaj7
If the world is so great,
Dsus2
Then why does it scream under a blue moon?
Em Dsus2
We wonder why,
Cmaj7
If the earth's sacrificed,
Bm7
For the price of its greatest treasure.

Chorus 3

Em A
I blame you for the moonlit sky,
Bm
And the dream that died,

With the eagle's flight.
Em A
I blame you for the moonlit nights,
Bm
When I wonder why,

Are the seas still dry?
Cmaj7 Dsus2
Don't blame this sleeping satellite.

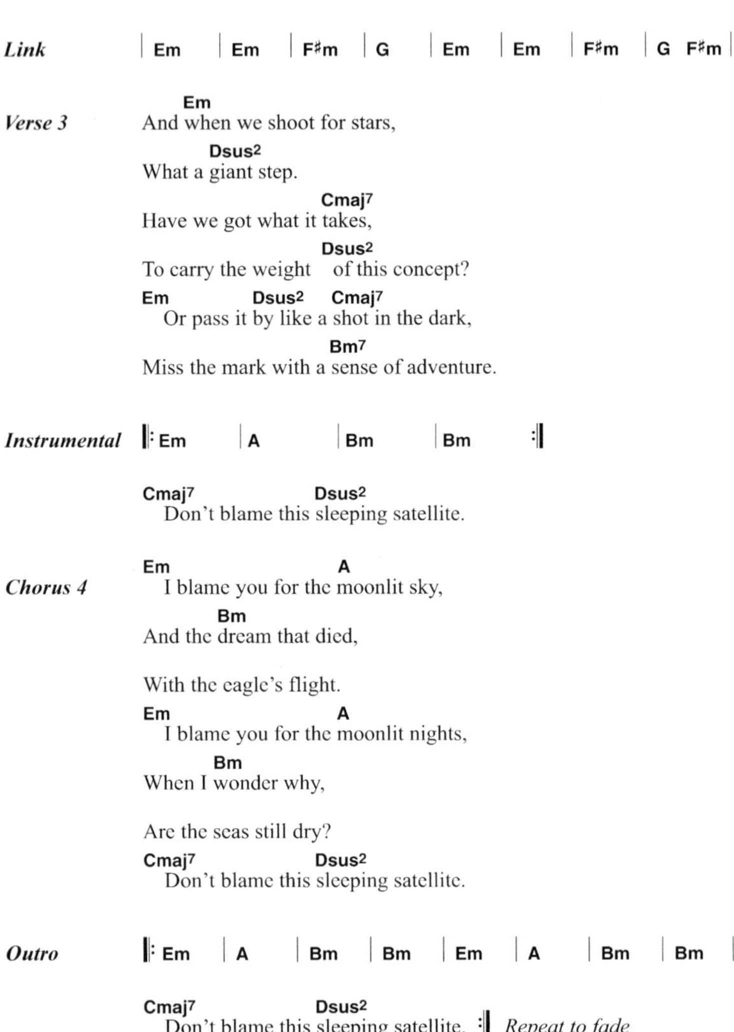

Link | Em | Em | F♯m | G | Em | Em | F♯m | G F♯m |

Verse 3

```
     Em
And when we shoot for stars,
           Dsus2
What a giant step.
                        Cmaj7
Have we got what it takes,
                        Dsus2
To carry the weight   of this concept?
Em            Dsus2   Cmaj7
   Or pass it by like a shot in the dark,
                           Bm7
Miss the mark with a sense of adventure.
```

Instrumental |: Em | A | Bm | Bm :|

```
Cmaj7                  Dsus2
   Don't blame this sleeping satellite.
```

Chorus 4

```
Em                        A
   I blame you for the moonlit sky,
          Bm
And the dream that died,

With the eagle's flight.
Em                        A
   I blame you for the moonlit nights,
          Bm
When I wonder why,

Are the seas still dry?
Cmaj7                  Dsus2
   Don't blame this sleeping satellite.
```

Outro |: Em | A | Bm | Bm | Em | A | Bm | Bm |

```
Cmaj7                  Dsus2
   Don't blame this sleeping satellite. :|  Repeat to fade
```

Smells Like Teen Spirit

Words & Music by Kurt Cobain, Dave Grohl & Krist Novoselic

F5   B♭5   A♭5 (fr4)   D♭5 (fr4)   G♭5   A5

Intro ‖: F5 | B♭5 | A♭5 | D♭5 :‖ *(x8)*

Verse 1

(F5) (B♭5) (A♭5) (D♭5) (F5)
Load up on guns and bring your friends,
(B♭5) (A♭5) (D♭5)
It's fun to lose and to pretend.
(F5) (B♭5) (A♭5) (D♭5) (F5)
She's ov - er - board and self-assured, oh no,
(B♭5) (A♭5) (D♭5)
I know I know, a dir - ty word.
(F5) (B♭5) (A♭5) (D♭5)
Hello, hello, hello, how low.
(F5) (B♭5) (A♭5) (D♭5)
Hello, hello, hello, how low.
(F5) (B♭5) (A♭5) (D♭5)
Hello, hello, hello, how low.
(F5) (B♭5) (A♭5) (D♭5)
Hello, hello, hello,

Chorus 1

F5 B♭5 A♭5 D♭5
With the lights out, it's less dang'rous,
F5 B♭5 A♭5 D♭5
Here we are now, enter - tain us.
F5 B♭5 A♭5 D♭5
I feel stupid and con - tagious,
F5 B♭5 A♭5 D♭5
Here we are now, enter - tain us.
F5 B♭5 A♭5 D♭5
A mul - lato, an al - bino,
F5 B♭5 A♭5 D♭5
A mos - quito, my li - bido, Yeah.

Link 1 |: F5 G♭5 | F5 B♭5 A5 A♭5 :|

Verse 2

```
(F5)   (B♭5)            (A♭5)  (D♭5)  (F5)
   I'm worse at what   I do    best,
       (B♭5)   (A♭5)     (D♭5)     (F5)
And for this gift I feel   blessed.
      (B♭5)        (A♭5) (D♭5)        (F5)
Our little group    has always been,
       (B♭5)  (A♭5)      (D♭5)      (F5)
And always will un - til the end.
        (B♭5)       (A♭5) (D♭5)
Hel - lo, hello, hello, how low.
(F5)      (B♭5)      (A♭5) (D♭5)
   Hel - lo, hello, hello, how low.
(F5)      (B♭5)      (A♭5) (D♭5)
   Hel - lo, hello, hello, how low.
(F5)      (B♭5) (A♭5)   (D♭5)
Hel - lo, hello, hello,
```

Chorus 2

```
                 F5          B♭5         A♭5          D♭5
With the lights out,    it's less dang'rous,
                 F5         B♭5        A♭5     D♭5
Here we are now,    enter - tain us.
          F5      B♭5           A♭5      D♭5
I feel stupid    and con - tagious,
                 F5         B♭5       A♭5     D♭5
Here we are now,     enter - tain us.
               F5    B♭5       A♭5    D♭5
A mul - lato,    an al - bino,
               F5     B♭5       A♭5  D♭5
A mos - quito,    my li - bido,    Yeah.
```

Link 2 |: F5 G♭5 | F5 B♭5 A5 A♭5 :|

Instrumental |: F5 | B♭5 | A♭5 | D♭5 :| *(x10)*

```
             (F5)     (B♭5)  (A♭5)     (D♭5)            (F5)
*Verse 3*      And I for - get just what     it takes,
                     (B♭5)         (A♭5)  (D♭5)
             And yeah, I guess,    it makes    me smile.
             (F5)  (B♭5)        (A♭5)         (D♭5)
               I found    it hard,    it's hard    to find,
             (F5)     (B♭5)             (A♭5) (D♭5)        (F5)
               Oh well,    what - ever, never mind.
                 (B♭5)    (A♭5)      (D♭5)      (F5)
             Hel - lo, hel - lo, hello, how low.
                 (B♭5)    (A♭5)      (D♭5)      (F5)
             Hel - lo, hel - lo, hello, how low.
                 (B♭5)    (A♭5)      (D♭5)      (F5)
             Hel - lo, hel - lo, hello, how low.
                 (B♭5)    (A♭5)    (D♭5)
             Hel - lo, hel - lo, hel - lo,

                       F5         B♭5        A♭5         D♭5
*Chorus 3*   With the lights out,    it's less dang'rous,
                       F5        B♭5       A♭5    D♭5
             Here we are now,    enter - tain us.
                    F5     B♭5         A♭5     D♭5
             I feel stupid    and con - tagious,
                       F5        B♭5       A♭5    D♭5
             Here we are now,    enter - tain us.
                      F5      B♭5     A♭5  D♭5
             A mul - lato, an albino,
                       F5         B♭5  A♭5  D♭5
             A mos - quito, my libi - do.
                     F5  B♭5      A♭5  D♭5      F5   B♭5      A♭5  D♭5
             A de - nial,    a de - nial,    a de - nial,    a de - nial,
                     F5  B♭5      A♭5  D♭5      F5   B♭5      A♭5  D♭5
             A de - nial,    a de - nial,    a de - nial,    a de - nial,
                     F5
             A de - nial.
```

Something For The Weekend

Words & Music by Neil Hannon

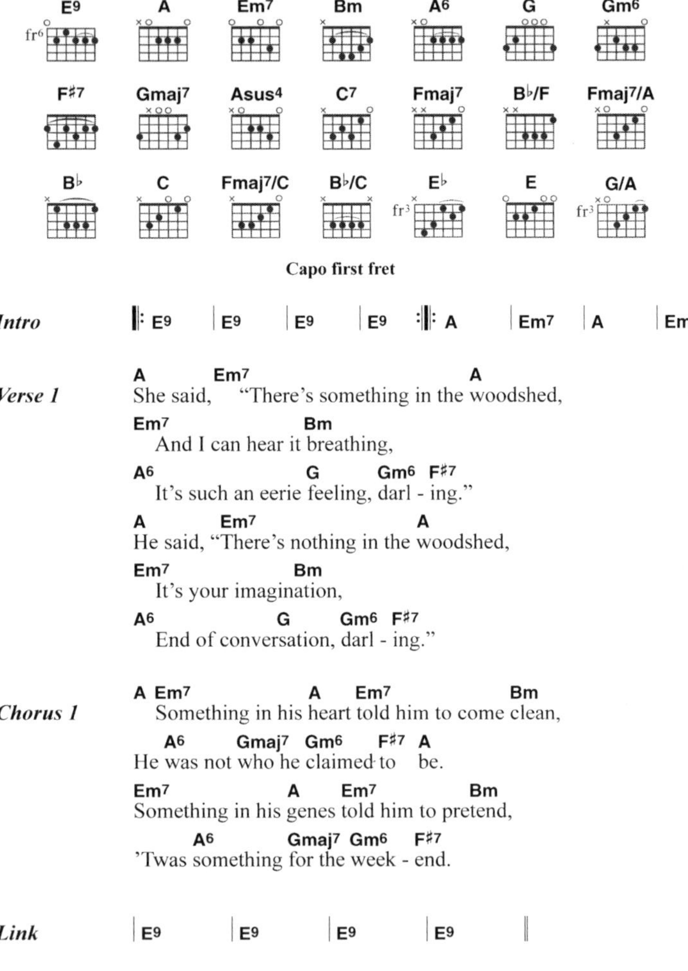

Capo first fret

Intro ‖: E9 | E9 | E9 | E9 :‖: A | Em7 | A | Em7 :‖

Verse 1

```
A            Em7                             A
She said,    "There's something in the woodshed,
Em7                  Bm
   And I can hear it breathing,
A6                   G        Gm6  F♯7
   It's such an eerie feeling, darl - ing."
A           Em7                       A
He said, "There's nothing in the woodshed,
Em7                  Bm
   It's your imagination,
A6                G         Gm6  F♯7
   End of conversation, darl - ing."
```

Chorus 1

```
A Em7                A     Em7               Bm
   Something in his heart told him to come clean,
   A6        Gmaj7  Gm6     F♯7  A
He was not who he claimed to     be.
Em7                    A     Em7          Bm
Something in his genes told him to pretend,
          A6         Gmaj7  Gm6     F♯7
'Twas something for the week - end.
```

Link | E9 | E9 | E9 | E9 ‖

Verse 2

Asus4 A Em7 Asus4 A
She said, "There is something in the wood - shed,
Em7 Bm
I know because I saw it,
A6 G Gm6 F♯7
I can't simply ignore it, darl - ing."
Asus4 A Em7 Asus4 A
So he said, "Now baby, don't be stu - pid,
Em7 Bm
Get this into your sweet head,
A6 G Gm6 F♯7 A
There ain't nothing in the woodshed except maybe some wood."

Chorus 2

Em7 A Em7 Bm
Something in his heart told him to come clean,
A6 Gmaj7 Gm6 F♯7 A
He was not who he claimed to be.
Em7 A Em7 Bm
Something in his jeans told him to pretend,
A6 Gmaj7 Gm6 C7 Fmaj7 B♭/F
'Twas something for the week - end. ________

Bridge

Fmaj7 B♭/F Fmaj7/A B♭
"I'll go all the way with you,
Fmaj7/A B♭ C Fmaj7/C B♭/C Fmaj7/C B♭/C
If you'll only do the same for me, go and see.
Fmaj7/A B♭
It it's nothing like you say,
E♭ E A Em7 A Em7
Then you can have your wicked way with me." ____________

| A | Em7 | A | Em7 |

A Em7 (x8)
𝄆 Weekend, here's something for the 𝄇

Outro

A G/A
He went down to the woodshed,
A G/A
They came down hard on his head,
A G/A
Gagged and bound and left for dead,
A
When he woke she was gone with his car and all his money.

Thank U

Words by Alanis Morissette
Music by Alanis Morissette & Glen Ballard

Cmaj7 G Fadd2 F F/G

Intro | Cmaj7 | Cmaj7 | G | Fadd2 ||

Verse 1
```
Cmaj7                                    G         Fadd2
   How 'bout getting off o' these antibio - tics?
Cmaj7                                          G      Fadd2
   How 'bout stopping eating when I'm full up?
Cmaj7                                     G         Fadd2
   How 'bout them transparent dangling carrots?
Cmaj7                             G        Fadd2
   How 'bout that ever elusive ku - do?
```

Chorus 1
```
           Cmaj7
Thank you India, thank you terror;
              G           F
Thank you dis - illusionment.
       F/G    Cmaj7
Thank you frailty, thank you consequence;
         G                F
Thank you, thank you silence.
```

Verse 2
```
Cmaj7                                       G          Fadd2
   How 'bout me not blaming you for ev'ry - thing?
Cmaj7                                     G         Fadd2
   How 'bout me enjoying the moment for once?
Cmaj7                                          G          Fadd2
   How 'bout how good it feels to fin'lly forgive you?
Cmaj7                                  G        Fadd2
   How 'bout grieving it all one at a time?
```

Chorus 2 As Chorus 1

Bridge

```
Cmaj7
   The moment I let go of it,
              G                             F                 F/G
Was the mo - ment I got more than I    could handle.
     Cmaj7
The moment I jumped off of it,
              G                       F
Was the mo - ment I touched down.
```

Verse 3

```
Cmaj7                                        G          Fadd2
   How 'bout no longer being masochis - tic?
Cmaj7                                             G        Fadd2
   How 'bout remembering your divinity?
Cmaj7                                            G            Fadd2
   How 'bout unabashedly bawling your eyes out?
Cmaj7                                             G        Fadd2
   How 'bout not equating death with stopping?
```

Chorus 3

```
             Cmaj7
Thank you India, thank you providence;
                G               F
Thank you dis - illusionment.
         F/G     Cmaj7
Thank you no - thingness, thank you clarity;
          G                   F
Thank you, thank you silence.
```

Ad lib. vocal to fade

Tears In Heaven

Words & Music by Eric Clapton & Will Jennings

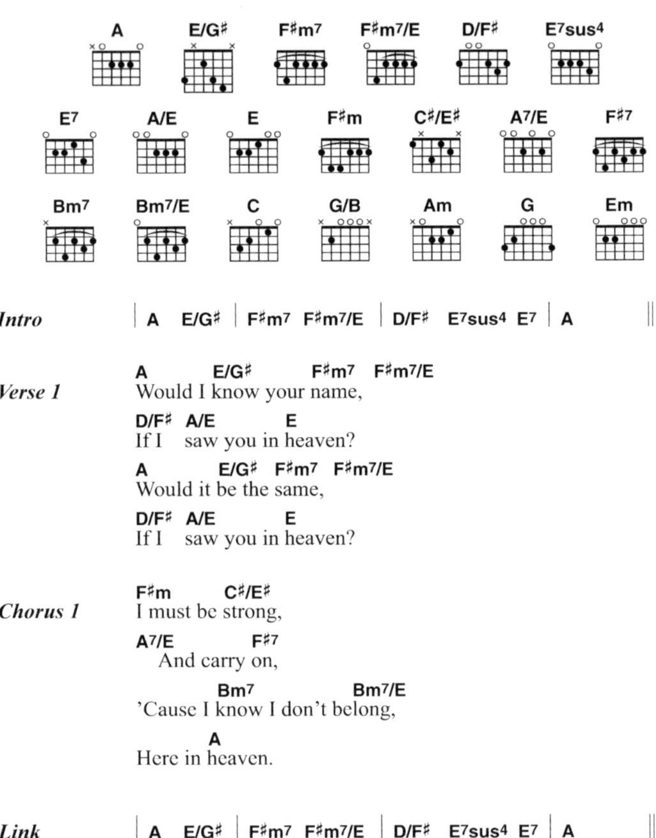

Intro | A E/G♯ | F♯m7 F♯m7/E | D/F♯ E7sus4 E7 | A ||

Verse 1

A E/G♯ F♯m7 F♯m7/E
Would I know your name,
D/F♯ A/E E
If I saw you in heaven?
A E/G♯ F♯m7 F♯m7/E
Would it be the same,
D/F♯ A/E E
If I saw you in heaven?

Chorus 1

F♯m C♯/E♯
I must be strong,
A7/E F♯7
And carry on,
Bm7 Bm7/E
'Cause I know I don't belong,
A
Here in heaven.

Link | A E/G♯ | F♯m7 F♯m7/E | D/F♯ E7sus4 E7 | A ||

Verse 2

A E/G♯ F♯m7 F♯m7/E
Would you hold my hand,

D/F♯ A/E E
If I saw you in heaven?

A E/G♯ F♯m7 F♯m7/E
Would you help me stand,

D/F♯ A/E E
If I saw you in heaven?

Chorus 2

F♯m C♯/E♯
I'll find my way,

A7/E F♯7
Through night and day,

Bm7 Bm7/E
'Cause I know I just can't stay,

A
Here in heaven.

Link

| A E/G♯ | F♯m7 F♯m7/E | D/F♯ E7sus4 E7 | A ||

Bridge

C G/B Am
Time can bring you down,

D/F♯ G D/F♯ Em D/F♯ G
Time can bend your knees.

C G/B Am
Time can break your heart,

D/F♯ G D/F♯
Have you beggin' please,

E
Beggin' please.

Solo

||: A E/G♯ | F♯m7 F♯m7/E | D/F♯ A/E | E E7 :||

Chorus 3

F♯m C♯/E♯
Beyond the door,

A7/E F♯7
There's peace I'm sure.

Bm7 Bm7/E
And I know there'll be no more,

A
Tears in heaven.

Verse 3

```
A            E/G♯       F♯m7   F♯m7/E
Would you know my name,

D/F♯  A/E        E
If I   saw you in heaven?

A            E/G♯   F♯m7   F♯m7/E
Would you be the same,

D/F♯  A/E        E
If I   saw you in heaven?
```

Chorus 4

```
F♯m       C♯/E♯
I must be strong,

A7/E            F♯7
And carry on,

           Bm7                Bm7/E
'Cause I know I don't belong,

          A
Here in heaven.
```

Link

```
| A   E/G♯ | F♯m7  F♯m7/E ||
```

```
           Bm7                      Bm7/E
'Cause I know I don't belong,

          A
Here in heaven.
```

Coda

```
| A   E/G♯ | F♯m7  F♯m7/E | A/E   E7sus4  E7 | A        ||
```

That Don't Impress Me Much

Words & Music by Shania Twain & R.J. Lange

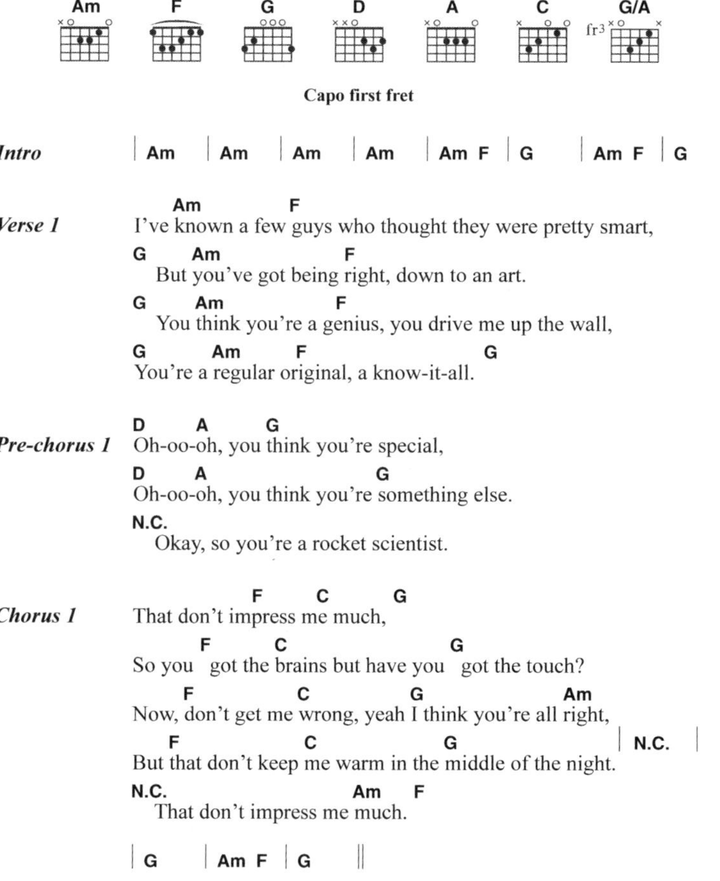

Capo first fret

```
Intro          | Am  | Am  | Am  | Am  | Am F | G    | Am F | G    ||

                     Am              F
Verse 1        I've known a few guys who thought they were pretty smart,
               G       Am                  F
                 But you've got being right, down to an art.
               G        Am                  F
                 You think you're a genius, you drive me up the wall,
               G           Am         F                    G
               You're a regular original, a know-it-all.

               D        A         G
Pre-chorus 1   Oh-oo-oh, you think you're special,
               D        A                      G
               Oh-oo-oh, you think you're something else.
               N.C.
                 Okay, so you're a rocket scientist.

                                F        C         G
Chorus 1       That don't impress me much,
                         F         C                  G
               So you  got the brains but have you  got the touch?
                    F              C             G                 Am
               Now, don't get me wrong, yeah I think you're all right,
                   F                C                 G           | N.C. |
               But that don't keep me warm in the middle of the night.
               N.C.                        Am     F
                 That don't impress me much.

               | G    | Am F | G    ||
```

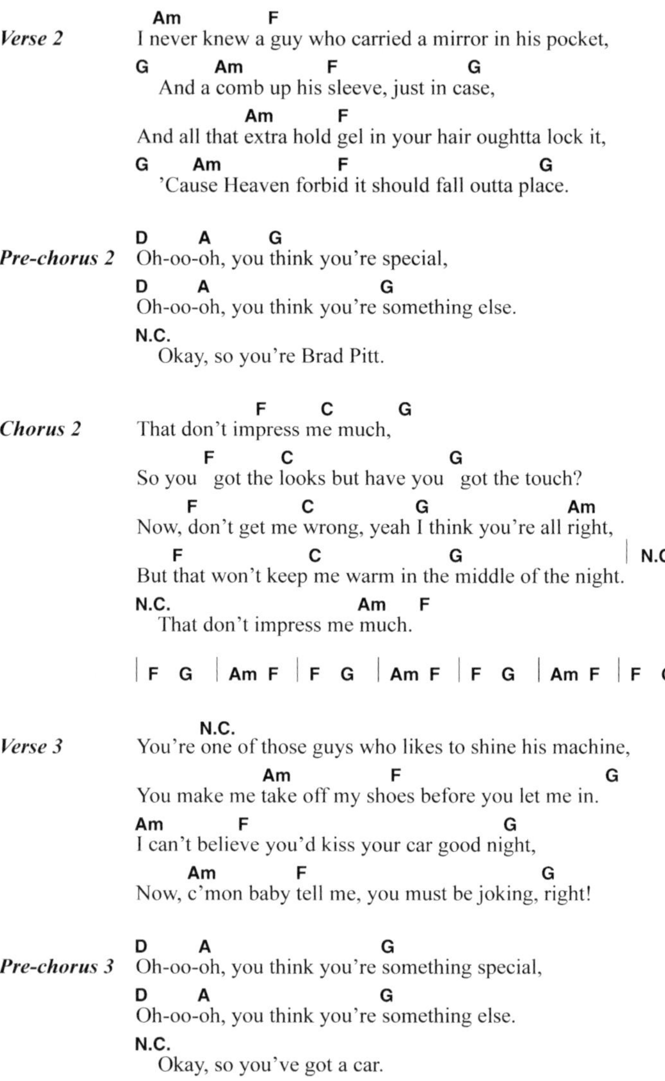

Verse 2

```
    Am            F
I never knew a guy who carried a mirror in his pocket,
G         Am           F                   G
   And a comb up his sleeve, just in case,
                Am          F
And all that extra hold gel in your hair oughtta lock it,
G     Am                   F                           G
   'Cause Heaven forbid it should fall outta place.
```

Pre-chorus 2

```
D      A        G
Oh-oo-oh, you think you're special,
D      A                   G
Oh-oo-oh, you think you're something else.
N.C.
   Okay, so you're Brad Pitt.
```

Chorus 2

```
                 F        C        G
That don't impress me much,
         F       C                     G
So you   got the looks but have you   got the touch?
      F               C             G                 Am
Now, don't get me wrong, yeah I think you're all right,
     F                C                 G                     | N.C. |
But that won't keep me warm in the middle of the night.
N.C.                             Am      F
   That don't impress me much.
```

```
| F  G | Am F | F  G | Am F | F  G | Am F | F  G ||
```

Verse 3

```
          N.C.
You're one of those guys who likes to shine his machine,
                  Am              F                          G
You make me take off my shoes before you let me in.
Am          F                               G
I can't believe you'd kiss your car good night,
       Am             F                            G
Now, c'mon baby tell me, you must be joking, right!
```

Pre-chorus 3

```
D      A                   G
Oh-oo-oh, you think you're something special,
D      A                   G
Oh-oo-oh, you think you're something else.
N.C.
   Okay, so you've got a car.
```

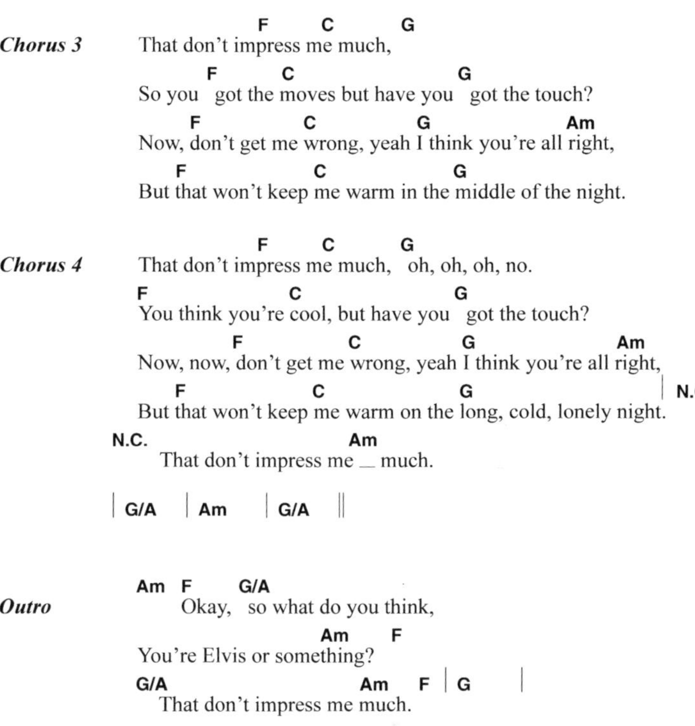

Chorus 3

F C G
That don't impress me much,
F C G
So you got the moves but have you got the touch?
F C G Am
Now, don't get me wrong, yeah I think you're all right,
F C G
But that won't keep me warm in the middle of the night.

Chorus 4

F C G
That don't impress me much, oh, oh, oh, no.
F C G
You think you're cool, but have you got the touch?
F C G Am
Now, now, don't get me wrong, yeah I think you're all right,
F C G | N.C. |
But that won't keep me warm on the long, cold, lonely night.
N.C. Am
That don't impress me _ much.

| G/A | Am | G/A ||

Outro

Am F G/A
Okay, so what do you think,
Am F
You're Elvis or something?
G/A Am F | G |
That don't impress me much.

|: Am F | G | Am F | G :| *Repeat to fade with vocal ad lib.*

Tied To The 90's

Words & Music by Fran Healy

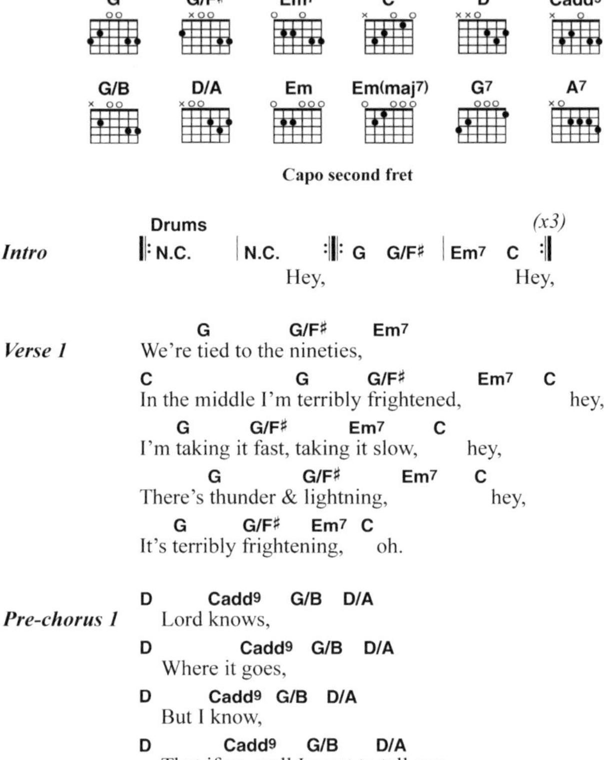

Capo second fret

Intro

Drums (x3)
‖: N.C. | N.C. :‖: G G/F♯ | Em7 C :‖
Hey, Hey,

Verse 1

G G/F♯ Em7
We're tied to the nineties,
C G G/F♯ Em7 C
In the middle I'm terribly frightened, hey,
G G/F♯ Em7 C
I'm taking it fast, taking it slow, hey,
G G/F♯ Em7 C
There's thunder & lightning, hey,
G G/F♯ Em7 C
It's terribly frightening, oh.

Pre-chorus 1

D Cadd9 G/B D/A
Lord knows,
D Cadd9 G/B D/A
Where it goes,
D Cadd9 G/B D/A
But I know,
D Cadd9 G/B D/A
That if so, well I want to tell you.

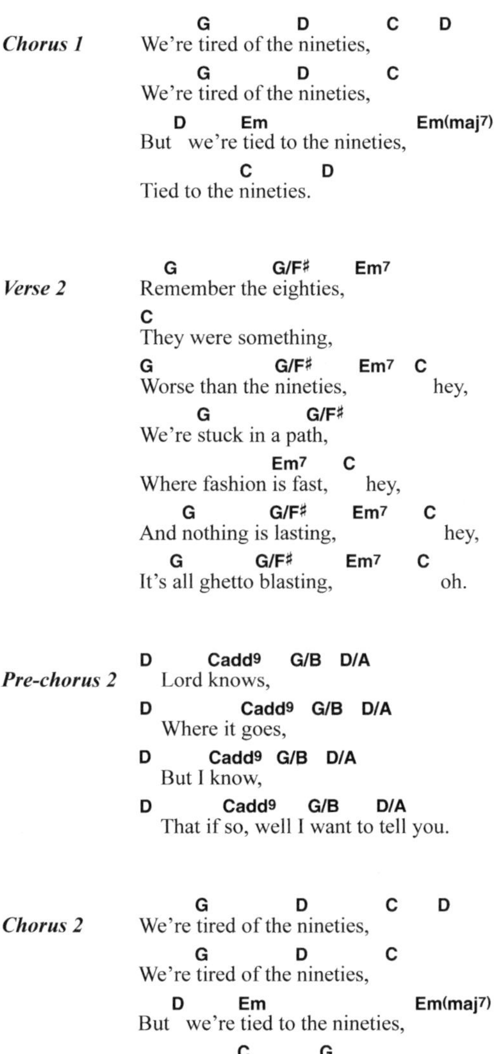

Chorus 1

G D C D
We're tired of the nineties,
G D C
We're tired of the nineties,
D Em Em(maj7)
But we're tied to the nineties,
C D
Tied to the nineties.

Verse 2

G G/F♯ Em7
Remember the eighties,
C
They were something,
G G/F♯ Em7 C
Worse than the nineties, hey,
G G/F♯
We're stuck in a path,
Em7 C
Where fashion is fast, hey,
G G/F♯ Em7 C
And nothing is lasting, hey,
G G/F♯ Em7 C
It's all ghetto blasting, oh.

Pre-chorus 2

D Cadd9 G/B D/A
Lord knows,
D Cadd9 G/B D/A
Where it goes,
D Cadd9 G/B D/A
But I know,
D Cadd9 G/B D/A
That if so, well I want to tell you.

Chorus 2

G D C D
We're tired of the nineties,
G D C
We're tired of the nineties,
D Em Em(maj7)
But we're tied to the nineties,
C G
Tied to the nineties.

Bridge

C
Oh, oh no,
                                          G   G7
It's not long to go, on the hi-fi five alive,
C   G
   That's it, I'm staying in bed til my hair falls out.
G7   C
Everything's old it's said,
                              G   G/F♯   Em7
I like my wig and hate my - self,
A7   D   Cadd9   G/B   D/A
   I know, it's all in my head.

(x4)
‖: G   G/F♯ | Em7   C   :‖
                     Hey.

Outro

       G   G/F♯   Em7   C
We're tired of the nineties,   hey,
       G   G/F♯   Em7   C
We're tired of the nineties,   hey,
       G   G/F♯   Em7   C
We're tired of the nineties,   hey,
               G   G/F♯   Em7   C
But we're tied to the nine - ties,   hey,
              G   G/F♯   Em7   C
Oh we're tied to the nineties,   hey,
       G   G/F♯   Em7   C
We're tied to the nineties,   hey,
       G   G/F♯   Em7   C
We're tied to the nineties,
G   G/F♯   Em7
Tied to the nines, tied to the nines,
C   G
Tied to the nineties.

Tonight, Tonight

Words & Music by Billy Corgan

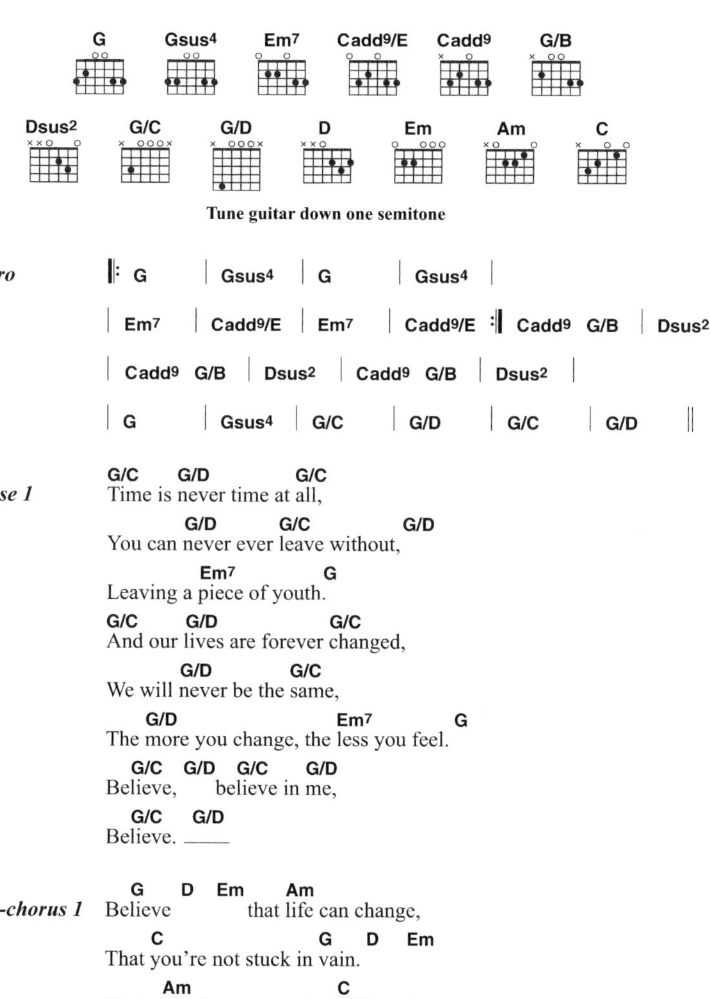

Tune guitar down one semitone

Intro

𝄆 G | Gsus4 | G | Gsus4 |
| Em7 | Cadd9/E | Em7 | Cadd9/E 𝄇 Cadd9 G/B | Dsus2
| Cadd9 G/B | Dsus2 | Cadd9 G/B | Dsus2 |
| G | Gsus4 | G/C | G/D | G/C | G/D ||

Verse 1

G/C G/D G/C
Time is never time at all,
G/D G/C G/D
You can never ever leave without,
Em7 G
Leaving a piece of youth.
G/C G/D G/C
And our lives are forever changed,
G/D G/C
We will never be the same,
G/D Em7 G
The more you change, the less you feel.
G/C G/D G/C G/D
Believe, believe in me,
G/C G/D
Believe. ____

Pre-chorus 1

G D Em Am
Believe that life can change,
C G D Em
That you're not stuck in vain.
Am C
We're not the same, we're different.

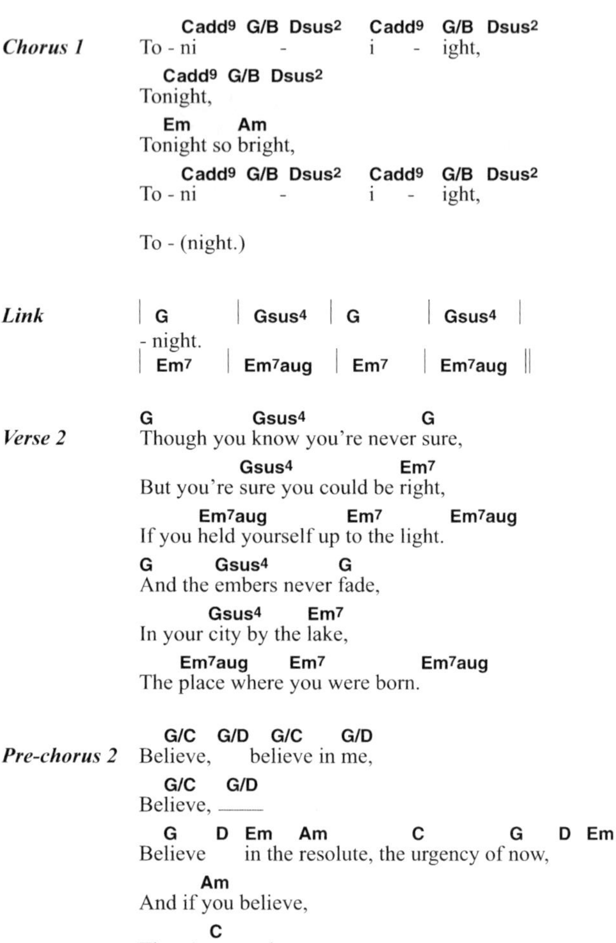

Chorus 1

```
       Cadd9 G/B Dsus2    Cadd9  G/B  Dsus2
To - ni         -           i  -  ight,
     Cadd9 G/B Dsus2
Tonight,
     Em        Am
Tonight so bright,
       Cadd9 G/B Dsus2    Cadd9  G/B  Dsus2
To - ni         -           i  -  ight,

To - (night.)
```

Link

```
| G          | Gsus4  | G          | Gsus4  |
- night.
| Em7        | Em7aug | Em7        | Em7aug ||
```

Verse 2

```
G                Gsus4             G
Though you know you're never sure,
                 Gsus4             Em7
But you're sure you could be right,
        Em7aug           Em7          Em7aug
If you held yourself up to the light.
G         Gsus4         G
And the embers never fade,
          Gsus4       Em7
In your city by the lake,
      Em7aug       Em7             Em7aug
The place where you were born.
```

Pre-chorus 2

```
   G/C    G/D   G/C     G/D
Believe,      believe in me,
   G/C    G/D
Believe, ___
   G     D  Em    Am          C            G     D  Em
Believe      in the resolute, the urgency of now,
         Am
And if you believe,
         C
There's not a chance.
```

Chorus 2

```
      Cadd9 G/B Dsus2     Cadd9   G/B  Dsus2
To - ni         -           i   -  ight,

      Cadd9 G/B Dsus2
To - ni        -        ight,

   Em      Am
Tonight so bright,

      Cadd9 G/B Dsus2
To - ni         -       ight,

   G    D  Em
Tonight.
```

Coda

```
        Am           C              G       D   Em
We'll crucify the insincere tonight, (to - night)

        Am                             C          G        D   Em
We'll make things right, we'll feel it all tonight, (to - night)

        Am              C               G       D   Em
We'll find a way to offer up the night, (to - night)

         Am            C                         G     D   Em
The indescribable moments of your life, (to - night)

          Am           C            G        D   Em
The impossible is possible tonight, (to - night)

                          C
Believe in me as I believe in you.


   G/C    G/D
Tonight,

   G/C      G/D
Tonight, tonight,

   G/C    G/D
Tonight,

   G      D     Em
Tonight.
```

2 Become 1

Words & Music by Matt Rowe, Richard Stannard, Melanie Brown,
Victoria Adams, Geri Halliwell, Emma Bunton & Melanie Chisholm

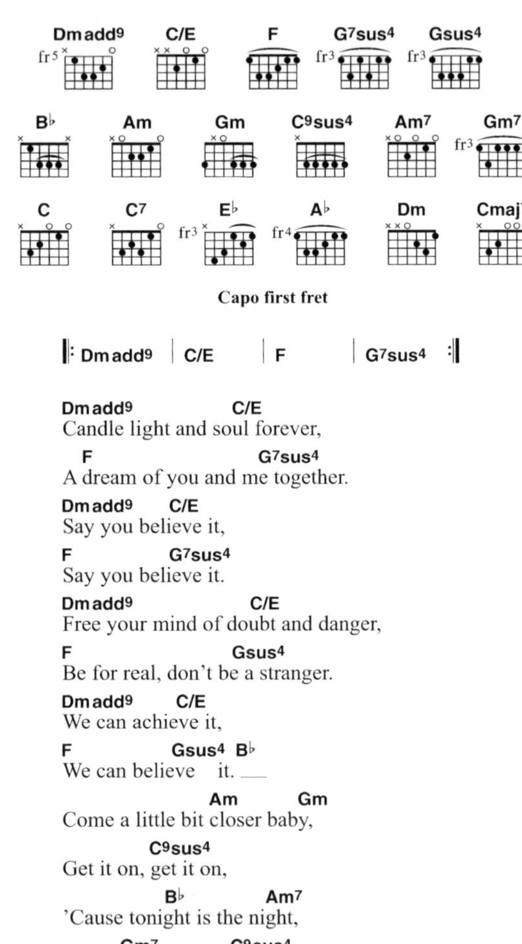

Capo first fret

Intro ‖: Dmadd9 | C/E | F | G7sus4 :‖

Verse 1

Dmadd9 C/E
Candle light and soul forever,
F G7sus4
A dream of you and me together.
Dmadd9 C/E
Say you believe it,
F G7sus4
Say you believe it.
Dmadd9 C/E
Free your mind of doubt and danger,
F Gsus4
Be for real, don't be a stranger.
Dmadd9 C/E
We can achieve it,
F Gsus4 B♭
We can believe it. __
Am Gm
Come a little bit closer baby,
C9sus4
Get it on, get it on,
B♭ Am7
'Cause tonight is the night,
Gm7 C9sus4
When two become one.

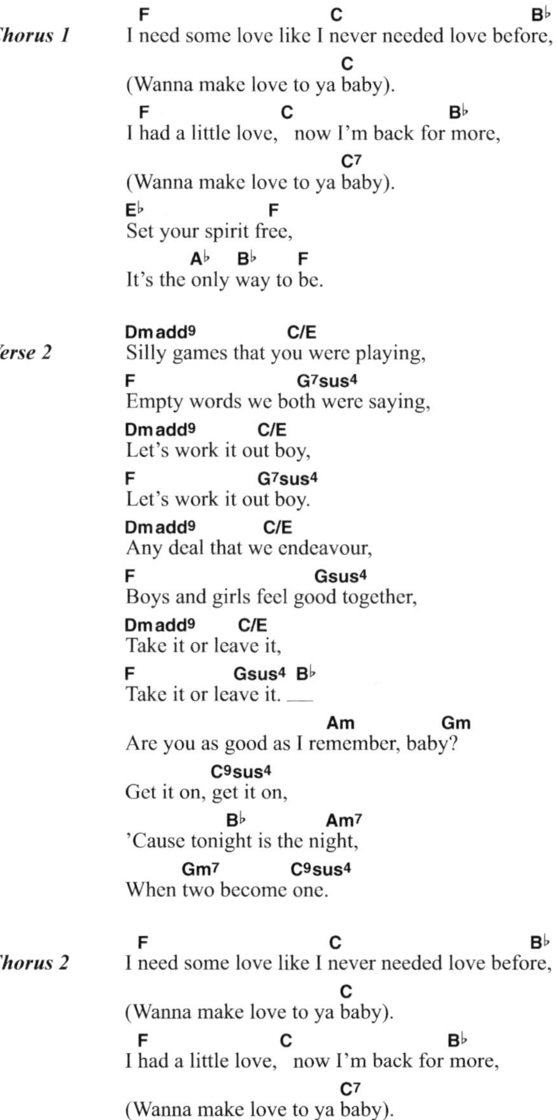

Chorus 1

```
 F                          C                         B♭
I need some love like I never needed love before,
                                      C
(Wanna make love to ya baby).
 F                 C                   B♭
I had a little love,   now I'm back for more,
                                      C7
(Wanna make love to ya baby).
E♭                 F
Set your spirit free,
        A♭    B♭      F
It's the only way to be.
```

Verse 2

```
Dmadd9              C/E
Silly games that you were playing,
F                    G7sus4
Empty words we both were saying,
Dmadd9          C/E
Let's work it out boy,
F               G7sus4
Let's work it out boy.
Dmadd9           C/E
Any deal that we endeavour,
F                      Gsus4
Boys and girls feel good together,
Dmadd9       C/E
Take it or leave it,
F             Gsus4  B♭
Take it or leave it. __
                               Am            Gm
Are you as good as I remember, baby?
            C9sus4
Get it on, get it on,
              B♭          Am7
'Cause tonight is the night,
       Gm7           C9sus4
When two become one.
```

Chorus 2

```
 F                          C                         B♭
I need some love like I never needed love before,
                                      C
(Wanna make love to ya baby).
 F                 C                   B♭
I had a little love,   now I'm back for more,
                                      C7
(Wanna make love to ya baby).
```

```
            E♭              F
cont.       Set your spirit free,
                 A♭   B♭      F
            It's the only way to be.


Middle      | Dm    C   | B♭          | Dm    C   | B♭         |
                                         Oh,       Oh, __

            B♭                Am        Gm
               Be a little bit wiser baby,
                       C9sus4
            Put it on, put it on,
                          B♭          Am7
            'Cause tonight is the night,
                   Gm7            C9sus4
            When two become one.


             F                          C                         B♭
Chorus 3    I need some love like I never needed love before,
                                         C
            (Wanna make love to ya baby).
             F                 C                   B♭
            I had a little love,   now I'm back for more,
                                         Cmaj7
            (Wanna make love to ya baby).
             F                          C                         B♭
            I need some love like I never needed love before,
                                         C
            (Wanna make love to ya baby).
             F                 C                   B♭
            I had a little love,   now I'm back for more,
                                         C7
            (Wanna make love to ya baby).
            E♭              F
            Set your spirit free,
                     A♭   B♭      F
            ‖: It's the only way to be.

            | A♭  B♭  F  :‖   Repeat to fade
```

Two Princes

Words & Music by Chris Barron, Eric Schenkman, Mark White & Aaron Comess

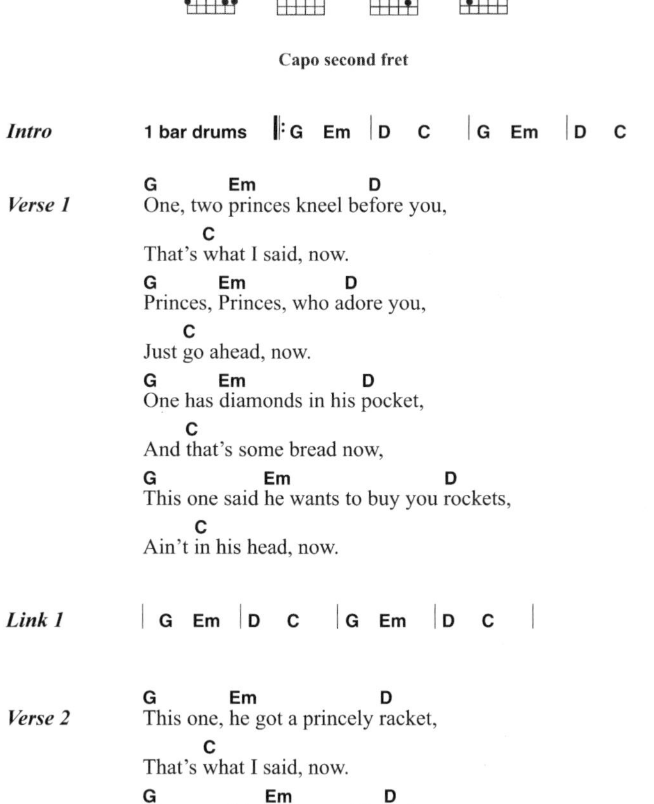

Capo second fret

Intro 1 bar drums ‖: G Em | D C | G Em | D C :‖

```
            G          Em                   D
*Verse 1*   One, two princes kneel before you,
                   C
            That's what I said, now.
            G         Em             D
            Princes, Princes, who adore you,
                 C
            Just go ahead, now.
            G         Em                D
            One has diamonds in his pocket,
                 C
            And that's some bread now,
            G                 Em                    D
            This one said he wants to buy you rockets,
                   C
            Ain't in his head, now.
```

Link 1 | G Em | D C | G Em | D C |

```
            G          Em                   D
*Verse 2*   This one, he got a princely racket,
                   C
            That's what I said, now.
            G               Em            D
            Got some big seal upon his jacket,
                   C
            Ain't in his head, now.
                 G                Em              D
            You marry him, your father will condone you,
```

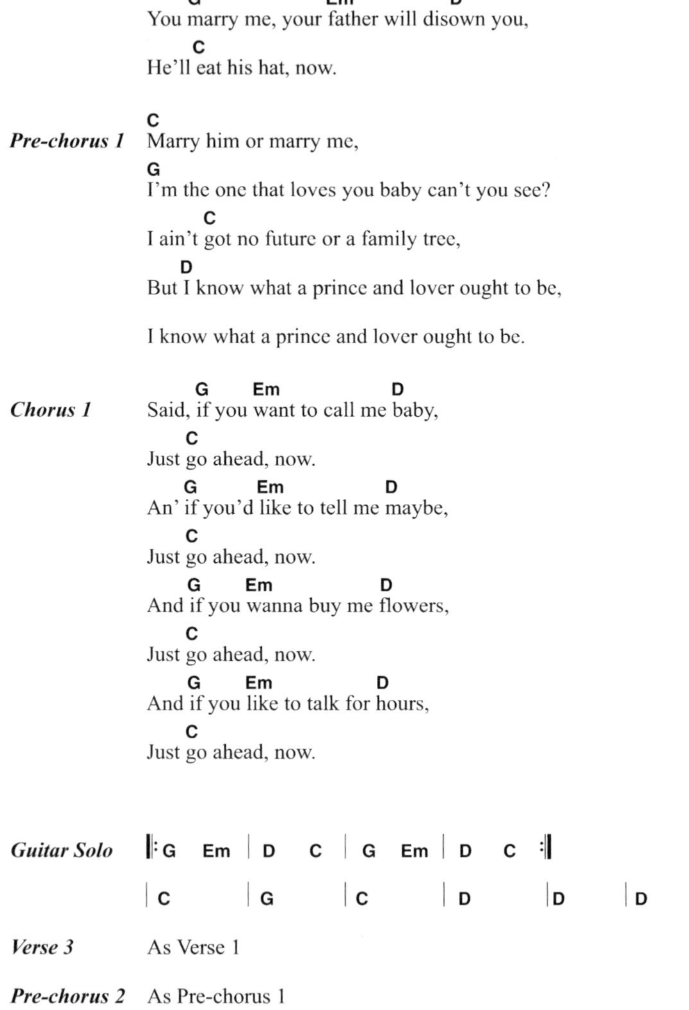

cont.

C
How 'bout that, now?
G Em D
You marry me, your father will disown you,
C
He'll eat his hat, now.

Pre-chorus 1

C
Marry him or marry me,
G
I'm the one that loves you baby can't you see?
C
I ain't got no future or a family tree,
D
But I know what a prince and lover ought to be,

I know what a prince and lover ought to be.

Chorus 1

G Em D
Said, if you want to call me baby,
C
Just go ahead, now.
G Em D
An' if you'd like to tell me maybe,
C
Just go ahead, now.
G Em D
And if you wanna buy me flowers,
C
Just go ahead, now.
G Em D
And if you like to talk for hours,
C
Just go ahead, now.

Guitar Solo

𝄆 G Em | D C | G Em | D C 𝄇

| C | G | C | D | D | D |

Verse 3 As Verse 1

Pre-chorus 2 As Pre-chorus 1

```
                 G        N.C.
Chorus 2     Said, if you want to call me baby,

             Just go ahead, now.

             And if you'd like to tell me maybe,

             Just go ahead, now.

             And if you wanna buy me flowers,

             Just go ahead, now.

             And if you like to talk for hours,

             Just go ahead, now.

                 G        Em                D
Chorus 3     Said, if you want to call me baby,
                C
             Just go ahead, now.
                G                          D
             And if you'd like to tell me maybe,
                C
             Just go ahead, now.
                G        Em             D
             And if you like to buy me flowers,
                C
             Just go ahead, now.
                G        Em             D
             And if you like to talk for hours,
                C
             Just go ahead, now.
```

Chorus 4 𝄆 As Chorus 1 𝄇 *Repeat to fade w/ad lib vocals*

Until It Sleeps

Words & Music by James Hetfield & Lars Ulrich

Am G F Fmaj7 A5 E5 D5 Cmaj7 F5

Tune guitar down a semitone

Verse 1

```
Am
Where do I take this pain of mine?

I run but it stays right by my side.
```

Chorus 1

```
Am           G     F
   So tear me open, pour me out,
Am                  G          F
   There's things inside that scream and shout,
Am          G     F
   And the pain still hates me,
Am            G  Fmaj7
   So hold me   until it sleeps.
```

| A5 | A5 | A5 G | F ||

Verse 2

```
Am
   Just like the curse, just like the stray,

You feed it once and now it stays, now it stays.
```

Chorus 2

```
Am           G     F
   So tear me open, but beware,
Am                  G          F
   There's things inside without a care,
Am          G       F
   And the dirt still stains me,
Am            G  F           E5
   So wash me   until I'm clean.

It grips you, so hold me, it stains you, so hold me,

It hates you, so hold me, it holds you, so hold me,
A5                                               G  F
   Until it sleeps, until it sleeps, until it sleeps.
```

Verse 3

Am
So tell me why you've chosen me,

Don't want your grip, don't want your greed, don't want it.

Chorus 3

Am G F
I'll tear me open, make you gone,

Am G F
No more can you hurt anyone,

Am G F
And the fear still shakes me,

Am G F
So hold me until it sleeps.

E5
It grips you, so hold me, it stains you, so hold me,

It hates you, so hold me, it holds you, holds you, holds you,

A5
Until it sleeps, until it sleeps, until it sleeps,

Am
Until it sleeps, until it sleeps.

| Am | Am | Am | Am | Cmaj7 | Cmaj7 ||

Bridge

C
Don't want it.

Cmaj7 Am
I don't want it, want it, want it, want it, want it, no.

Chorus 4

Am G F
So tear me open, but beware,

Am G F
There's things inside without a care,

Am G F
And the dirt still stains me,

Am G Fmaj7
So wash me until I'm clean.

A5 D5 F
I'll tear me open, make you gone,

A5 D5 F5
No longer will you hurt anyone.

A5 D5 F
And the hate still shapes me,

A5 D5 F
So hold me until it sleeps.

A5
Until it sleeps, until it sleeps,

Until it sleeps, until it sleeps.

Weather With You

Words & Music by Neil Finn & Tim Finn

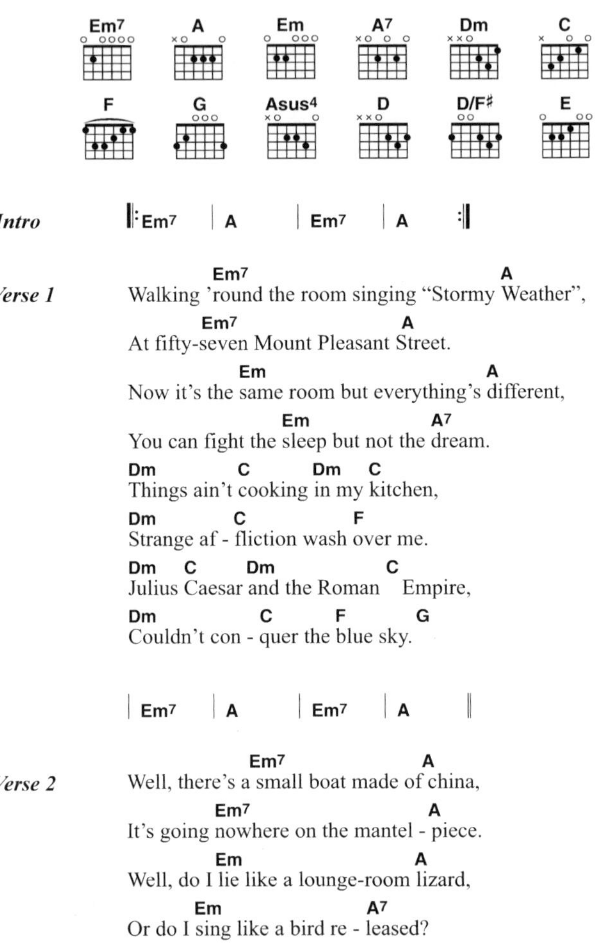

Intro ‖: Em7 | A | Em7 | A :‖

```
                        Em7                                  A
Verse 1   Walking 'round the room singing "Stormy Weather",
                      Em7                          A
          At fifty-seven Mount Pleasant Street.
                          Em                                   A
          Now it's the same room but everything's different,
                                  Em                   A7
          You can fight the sleep but not the dream.
          Dm             C           Dm     C
          Things ain't cooking in my kitchen,
          Dm            C                F
          Strange af - fliction wash over me.
          Dm     C         Dm                    C
          Julius Caesar and the Roman    Empire,
          Dm                C          F        G
          Couldn't con - quer the blue sky.
```

| Em7 | A | Em7 | A ‖

```
                                Em7                A
Verse 2   Well, there's a small boat made of china,
                         Em7                         A
          It's going nowhere on the mantel - piece.
                         Em                        A
          Well, do I lie like a lounge-room lizard,
                    Em                      A7
          Or do I sing like a bird re - leased?
```

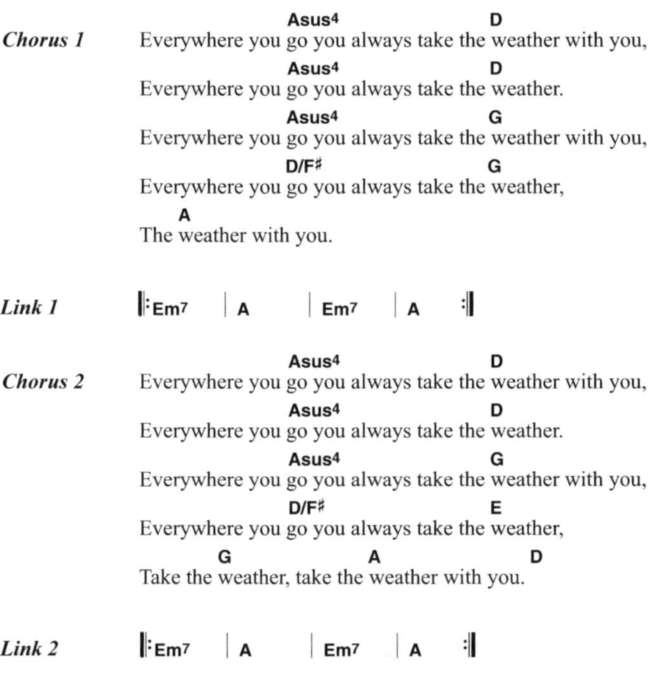

```
                            Asus4                D
Chorus 1     Everywhere you go you always take the weather with you,
                            Asus4                D
             Everywhere you go you always take the weather.
                            Asus4                G
             Everywhere you go you always take the weather with you,
                            D/F♯                 G
             Everywhere you go you always take the weather,
                 A
             The weather with you.

Link 1       |: Em7    | A      | Em7    | A     :|

                            Asus4                D
Chorus 2     Everywhere you go you always take the weather with you,
                            Asus4                D
             Everywhere you go you always take the weather.
                            Asus4                G
             Everywhere you go you always take the weather with you,
                            D/F♯                 E
             Everywhere you go you always take the weather,
                      G                 A               D
             Take the weather, take the weather with you.

Link 2       |: Em7    | A      | Em7    | A     :|
```

Chorus 3 As Chorus 2 *(w/ vocal ad. lib)*

What Can I Do

Words & Music by Andrea Corr, Caroline Corr, Sharon Corr & Jim Corr

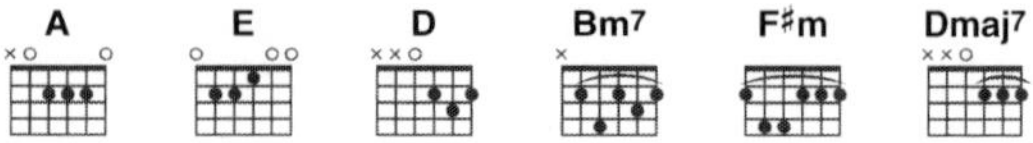

A   E   D   Bm7   F♯m   Dmaj7

```
Intro      A             E
           Do do do do   do do do do,
           D
           Do do do      do do do,
           A             E
           Do do do do   do do do do,
           Bm7
           Do do do      do do do.

Verse 1    A         E              D
           I haven't slept at all in days,
           A            E                 Bm7
           It's been so long since we've talked.
           A            E                D
           And I have been here many times,
           A           E                       Bm7
           I just don't know what I'm doing wrong.

Chorus 1   A           E                D
           What can I do to make you love me?
           A           E                Bm7
           What can I do to make you care?
           A           E                D
           What can I say to make you feel this?
           A           E             Bm7
           What can I do to get you there?

Verse 2    A             E              D
           There's only so much I can take,
           A            E         Bm7
           And I just got to let it go,
           A          E                    D
           And who knows I might feel better, yeah,
           A          E               Bm7
           If I don't try and I don't hope.
```

Chorus 2 As Chorus 1

Bridge

F♯m   Dmaj7   E   Dmaj7   E
No more waiting, no more aching,

F♯m   Dmaj7   E   Dmaj7   E
No more fighting, no more trying.

Verse 3

A   D
Maybe there's nothing more to say,

A   E   Bm7
And in a funny way I'm caught.

A   E   D
Because the power is not mine,

A   E   Bm7
I'm just gonna let it fly.

Chorus 3

A   E   D
What can I do to make you love me?

A   E   Bm7
What can I do to make you care?

A   E   D
What can I say to make you feel this?

A   E   Bm7
What can I do to get you there?

Chorus 4

A   E   D
What can I do to make you love me?

A   E   Bm7
What can I do to make you care?

A   E   D
What can I change to make you feel this?

A   E   Bm7   Dmaj7   E   F♯m E
What can I do to get you there and love me?

Coda

Dmaj7 E   F♯m E
Love me,   love me. *Repeat to fade*

Where I Find My Heaven

Words & Music by Steve Hurley, Phil Hurley, David Gibbs & Paul Brouwer

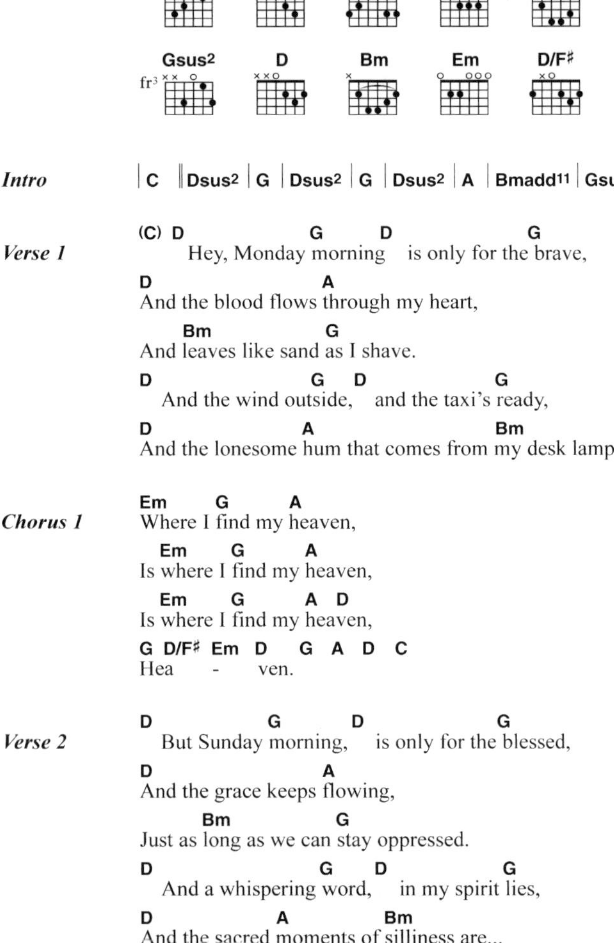

Intro | C ‖ Dsus2 | G | Dsus2 | G | Dsus2 | A | Bmadd11 | Gsus2 D | G C ‖

Verse 1

(C) D G D G
Hey, Monday morning is only for the brave,
D A
And the blood flows through my heart,
Bm G
And leaves like sand as I shave.
D G D G
And the wind outside, and the taxi's ready,
D A Bm
And the lonesome hum that comes from my desk lamp is...

Chorus 1

Em G A
Where I find my heaven,
Em G A
Is where I find my heaven,
Em G A D
Is where I find my heaven,
G D/F♯ Em D G A D C
Hea - ven.

Verse 2

D G D G
But Sunday morning, is only for the blessed,
D A
And the grace keeps flowing,
Bm G
Just as long as we can stay oppressed.
D G D G
And a whispering word, in my spirit lies,
D A Bm
And the sacred moments of silliness are...

```
             Em      G       A
Chorus 2     Where I find my heaven,
             Em      G       A
             Where I find my heaven,
             Em      G       A  D
             Where I find my heaven,
             G D/F♯ Em   Bm
             Hea    -    ven.

Instrumental | (Bm) | A    | G  | G   A | Bm | A | G | D/F♯ |

             | G    | D/F♯ | Em | A     | A  | A | A |
                                       (x4)
             ||: D  | G    | Em | A     :||

                Em      G       A
Chorus 3     It's where I find my heaven,
                Em      G       A
             It's where I find my heaven,
             Em      G       A  D
             Where I find my heaven,
                Em      G       A
             It's where I find my heaven,
             Em      G       A
             Where I find my heaven,
             Em      G       A  D
             Where I find my heaven,
             G D/F♯ Em   G D/F♯ Em   G D/F♯ Em    G  A  D
             Hea  -  ven, hea  -  ven, hea  -  ven.
```

Yes

Words & Music by David McAlmont & Bernard Butler

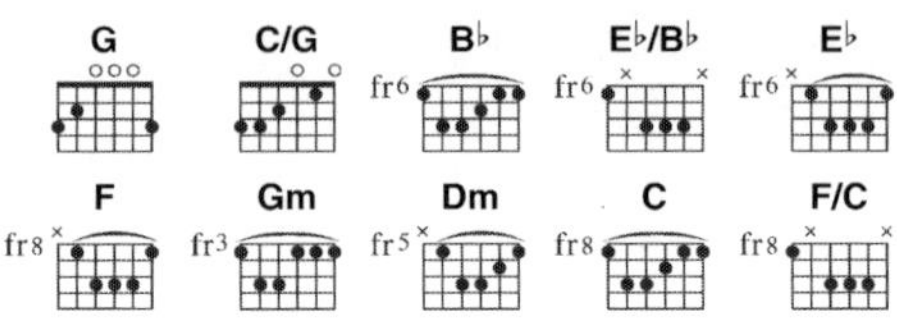

Intro ‖: G | C/G | G | C/G :‖

Verse 1

G C/G
So you ought to know me now,
G C/G
How I've been.
G C/G
You can't help some - one recover,
D E♭
After what you did.

Pre-chorus 1

B♭ E♭/B♭
So tell me, am I looking better?
B♭ E♭/B♭
Have you for - got,
B♭ E♭/B♭
Whatever it was that you couldn't stand,
E♭ F
A - bout me, about me, a - bout me?

Because,

Chorus 1

B♭ Gm
Yes I do feel better,
B♭ Gm
Yes I do, I feel all right.
B♭ Gm
I feel well enough to tell you what,
E♭ F Dm
You can do with what you've got to offer.

Verse 2 As Verse 1

Pre-chorus 2 As Pre-chorus 1

Chorus 2 As Chorus 1

Chorus 3

```
B♭                Gm
Yes I do feel better,
            B♭              Gm
Yes I do,     I feel all right.
       B♭                   Gm
I feel well enough to tell you what,
            E♭                         F            E♭  F
You can do with what you've got to of - fer.
```

Link

```
E♭                  F
On and on and on and on and,

On and on,

There's no-one who'll say,

Start away,

Start away.

Yeah, yeah, yeah, yeah.
```

Instrumental

```
𝄆 C     | F/C    | C      | F/C     𝄇
```

Outro

```
          C                   F/C
𝄆 I feel well enough to tell you what,
            C           F/C
You can    do with what you've got,
         C        F/C
I feel well e - nough to tell you what,
            C       F/C
You can do with what you've got. 𝄇  Repeat to fade
```

You Get What You Give

Words & Music by Gregg Alexander & Rick Nowels

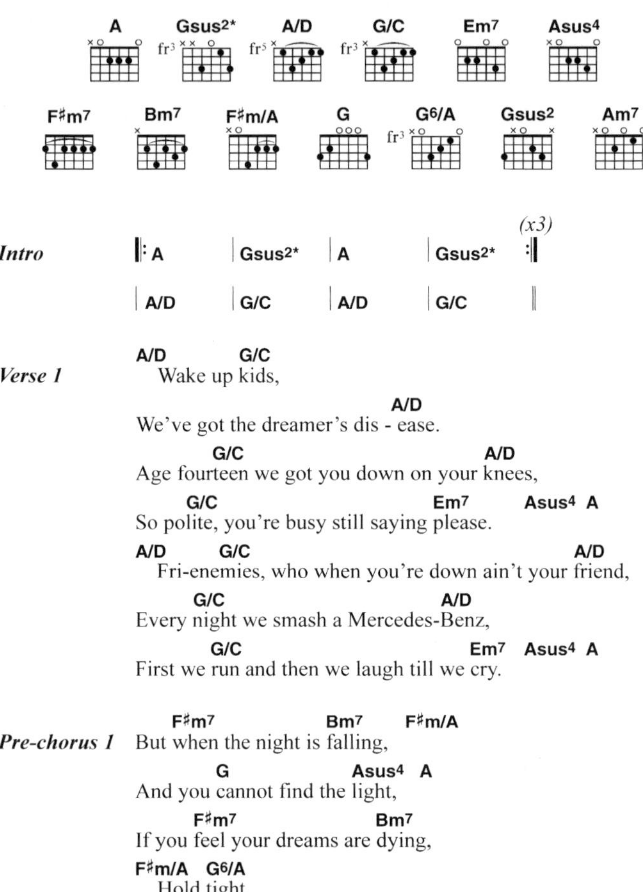

Intro |: A | Gsus2* | A | Gsus2* :| *(x3)*

| A/D | G/C | A/D | G/C ||

Verse 1

```
A/D      G/C
   Wake up kids,
                          A/D
We've got the dreamer's dis - ease.
          G/C                             A/D
Age fourteen we got you down on your knees,
      G/C                           Em7      Asus4  A
So polite, you're busy still saying please.
A/D      G/C                                      A/D
   Fri-enemies, who when you're down ain't your friend,
        G/C                         A/D
Every night we smash a Mercedes-Benz,
          G/C                          Em7   Asus4  A
First we run and then we laugh till we cry.
```

Pre-chorus 1

```
    F♯m7                Bm7      F♯m/A
But when the night is falling,
           G              Asus4  A
And you cannot find the light,
        F♯m7             Bm7
If you feel your dreams are dying,
F♯m/A  G6/A
   Hold tight,
```

Chorus 1

```
A
   You've got the music in you.
Gsus2     Asus4
Don't let go,
                   A
You've got the music in you.
F♯m7            Bm7
   One dance left,
                 F♯m/A
This world is gonna pull through.
Gsus2            Asus4
   Don't give up,
                A
You've got a reason to live.
F♯m7         Bm7            F♯m/A         Gsus2        Am7     G
   Can't forget,   we only get what we give. ________
```

Link 1

| A/D | G/C | A/D | G/C ||

Verse 2

```
A/D           G/C                         A/D
   Four a.m.     we ran a miracle mile,
               G/C                          A/D
We're flat broke but hey we do it in style.
           G/C
The bad rich,
(G/C)                            Em7    Asus4   A
   God's flying in for your trial.
```

Pre-chorus 2

```
     F♯m7                 Bm7      F♯m/A
But when the night is falling,
      G               Asus4    A
You cannot find a friend.
         F♯m7                Bm7
If you feel your dream is breaking,
F♯m/A G6/A
   Just play.
```

Chorus 2

As Chorus 1

Link 2

| A/D | Am7 G | A/D | Am7 G ||

Verse 3

A/D Am7 G A/D
This whole damn world can fall apart,

Am7 G A/D
You'll be OK, fol - low your heart.

Am7
You're in harms way,

G A/D
I'm right behind,

G6/A A G6/A
Now say you're mine. ______

Chorus 3

A
You've got the music in you.

Gsus2 Asus4
Don't let go,

A
You've got the music in you.

F♯m7 Bm7
One dance left,

F♯m/A
This world is gonna pull through.

Gsus2 Asus4
Don't give up,

A
You've got a reason to live.

F♯m7 Bm7 F♯m/A Gsus2
Can't forget, we only get what we give.

Asus4
Don't let go,

A F♯m7 Bm7 F♯m/A
I feel the music in you, you, you, you.

Gsus2 Asus4 A F♯m7 Bm7 F♯m/A
Fly ______ high, ______

Gsus2 Asus4 A F♯m7 Bm7 F♯m/A Gsus2
What's real ______ can't die. ______

Asus4 A F♯m7 Bm7 F♯m/A
You only get what you give.

Outro

```
Gsus2                                      Asus4   A
Health insurance rip off lying, FDA big bankers buying,
F#m7
Fake computer crashes dining,
Bm7                          F#m/A
Cloning while they're multiplying.
Gsus2
Fashion shoots,

With Beck and Hanson,
Asus4                  A
Courtney Love and Marilyn Manson,
F#m7
You're all fakes,

Run to your mansions,
Bm7
Come around,
         F#m/A          Gsus2
We'll kick your ass in!
              Asus4  A
Don't let go,
F#m7            Bm7    F#m/A    Gsus2
   One dance left.                       To fade
```

Your Woman

Words by Jyoti Mishra
Music by Jyoti Mishra, Bing Crosby, Irving Wallman & Max Wartell

Gm   E♭   Cm   F   D7/F♯   F♯   A7sus4

Intro | Gm E♭ | Cm F | Gm E♭ | Cm F | Gm E♭ |

Verse 1

Cm F   Gm   E♭   Cm
Just tell me what you've got to say to me,
            F   Gm   E♭   Cm
I've been waiting for so long to hear the truth,
   F   Gm   E♭   Cm
It comes as no surprise at all you see,
     F   Gm   E♭   Cm
So cut the crap and tell me that we're through.
F   Gm   E♭   Cm
Now I know your heart, I know your mind,
F   Gm   E♭   Cm
You don't even know you're being unkind,
     F   Gm   E♭   Cm
So much for all your highbrow Marxist ways,
       F   Gm   E♭   Cm
Just use me up and then you walk away,
                      F   Gm   E♭ | Cm   F   D7/F♯ | Gm   E♭ |
Boy, you can't play me that way.

Pre-chorus 1

Cm F   F♯   F   E♭
Well I guess what you say is true,
                                   F♯   F   E♭
I could never be the right kind of girl for you,

Chorus 1

                 F   Gm   E♭   Cm   (x4)
𝄆 I could never be your woman. 𝄇

Verse 2

F   Gm   E♭   Cm
When I saw my best friend yesterday,
       F   Gm   E♭   Cm
She said she never liked you from the start,
         F   Gm   E♭   Cm
Well me, I wish that I could claim the same,

cont.

```
    F          Gm       E♭      Cm
But you always knew you held my heart.
     F            Gm       E♭         Cm
And you're such a charming handsome man,
F            Gm    E♭   Cm
Now I think I finally understand,
F           Gm    E♭    Cm
Is it in your genes? I don't know,
F                 Gm E♭      Cm
But I'll soon find out, that's for sure,
               F         Gm    E♭  | Cm  F  D7/F♯ | Gm  E♭  |
Why did you play me this way?
```

Pre-chorus 2 As Pre-chorus 1

Chorus 2

```
               F          Gm        E♭  Cm   (x3)
𝄆 I could never be your woman.              𝄇
            F          Gm        E♭  Cm  F
I could never be your woman.
```

Instrumental

```
𝄆 Gm E♭ | Cm F | Gm E♭ | Cm F 𝄇 N.C. | N.C. | N.C. | N.C. ‖
| F♯ F | E♭ | F♯ F | E♭ F ‖
```

Pre-chorus 2

```
(F)       F♯               F     E♭
   Well I guess what they say is true,
                         F♯        F       E♭
I could never spend my life with a man like you,
```

Chorus 3 As Chorus 2

Outro

```
| Gm E♭ | Cm F | Gm E♭ | Cm F | Gm E♭ | Cm F | Gm E♭ | Cm F D7/F♯ |
| Gm | E♭ | Cm | A7sus4 ‖
```

You Don't Love Me (No, No, No)

Words & Music by Willie Cobbs, Euwart Beckford, Duke Reid & Ellas McDaniel

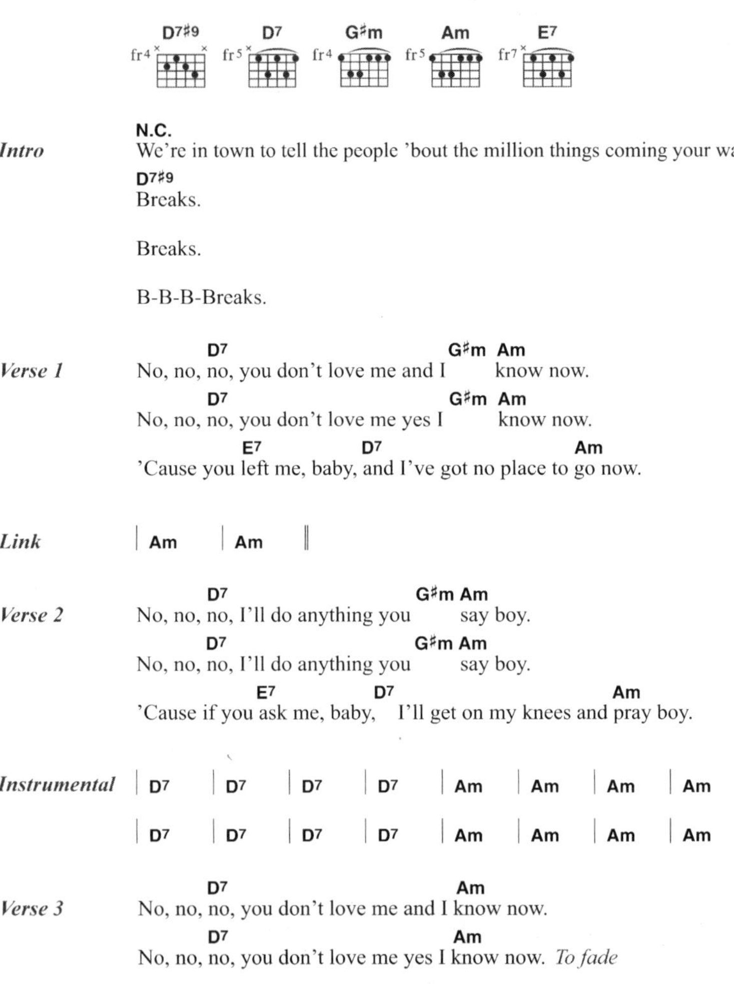

Intro

N.C.
We're in town to tell the people 'bout the million things coming your way.
D7♯9
Breaks.

Breaks.

B-B-B-Breaks.

Verse 1

D7 G♯m Am
No, no, no, you don't love me and I know now.
D7 G♯m Am
No, no, no, you don't love me yes I know now.
E7 D7 Am
'Cause you left me, baby, and I've got no place to go now.

Link

| Am | Am ||

Verse 2

D7 G♯m Am
No, no, no, I'll do anything you say boy.
D7 G♯m Am
No, no, no, I'll do anything you say boy.
E7 D7 Am
'Cause if you ask me, baby, I'll get on my knees and pray boy.

Instrumental

| D7 | D7 | D7 | D7 | Am | Am | Am | Am |
| D7 | D7 | D7 | D7 | Am | Am | Am | Am ||

Verse 3

D7 Am
No, no, no, you don't love me and I know now.
D7 Am
No, no, no, you don't love me yes I know now. *To fade*